Infierno

Hölle

Kurzkrimis zum Spanischlernen mit Hörbuch und Vokabeltrainer-App

von Iván Reymóndez Fernández

Langenscheidt

Langenscheidt
Infierno – Hölle
Kurzkrimis zum Spanischlernen
mit Hörbuch und Vokabeltrainer-App

von Iván Reymóndez Fernández

Der digitale Zugang zu den online angebotenen Zusatzmaterialien ist für mindestens zwei Jahre nach Erscheinen der aktuellen Auflage gewährleistet.

Iván Reymóndez Fernández stammt aus Galicien und studierte Philologie an der Universität Santiago de Compostela. Er lehrte in mehreren europäischen Ländern, wie Slowenien, Norwegen und Österreich. Seit 2003 ist er als Dozent für Spanisch und Galicisch in München tätig. Zu seinen Interessen gehören neben Sprachen auch die römische Welt und die Übersetzertätigkeit aus dem Lateinischen.

3. Auflage 2025

www.langenscheidt.com/kontakt

Projektmanagement: Majka Dischler
Übersetzung: Christina Münder y Estellés
Korrektorat: Eva Schellert
Tonstudio: Andreas Nesic, Stuttgart
Sprecherin: Núria Samsó Amat
Satz: Dollenbacher DTP, Stuttgart
Druck: Florjancic tisk d.o.o.

ISBN: 978-3-12-563607-1

Vorwort

Das Unfassbare geschieht manchmal inmitten der schönsten Landschaft! Sie lesen gern Krimis und möchten Ihr Spanisch verbessern? Tauchen Sie ein in acht Krimigeschichten, die sich an ganz unterschiedlichen Orten und Gegenden in der spanischsprachigen Welt abspielen, und lassen Sie sich in ihren Bann ziehen. Es tun sich Abgründe auf, die Sie so schnell nicht vergessen werden. Diese Fälle lassen niemanden kalt … Die spanische Sprache lernen Sie dabei wie von selbst, denn die in den Krimis verwendete Sprache passt weitgehend zu Ihrem **Lernniveau A1-A2**. Im Zweifel lesen Sie einfach nach. Hier bleibt durch das **zweisprachige Konzept** nichts unübersetzt: Sie haben auf einer Doppelseite immer beide Sprachen im Blick. Die Abschnitte beginnen jeweils auf gleicher Höhe, so dass Sie nichts verpassen, schnell die Übersetzung finden und alles verstehen.

Im Anschluss an jede Geschichte finden Sie außerdem Wissenswertes zu **Land und Leuten** und den Schauplätzen, an denen die Geschichten spielen. Wo die einzelnen Tatorte liegen, können Sie der **Landkarte auf Seite 6** entnehmen.

Was ermöglicht Ihnen dieser zweisprachige Titel inklusive **Hörbuch und Vokabeltrainer-App** noch? Sie können damit die spanischen Kurzkrimis nicht nur lesen, sondern auch hören – und zudem die wichtigsten Wörter aus den Geschichten (Lernwortschatz) in der App trainieren.

Das Besondere an diesem Gesamtkonzept: Sie lernen Spanisch mit Spannung und Spürsinn und tauchen dabei Schritt für Schritt immer tiefer in die Fremdsprache ein:

1. Schritt: Sie lesen den Originalkrimi und können dank der Zweisprachigkeit alles problemlos verstehen. Durch den Sog der Krimi-Spannung bleiben Sie am Ball, bis der Fall aufgeklärt ist.
2. Schritt: Sie hören sich die von einer Muttersprachlerin vertonten Krimigeschichten an, bekommen ein Gefühl für den Klang der Sprache und lernen so die korrekte Aussprache.
3. Schritt: Sie üben und lernen die wichtigsten Wörter aus den Geschichten in der Vokabeltrainer-App.

Für den kostenlosen Download Ihres Hörbuchs und der Vokabeltrainer-App gehen Sie folgendermaßen vor:

1. Gehen Sie auf die Seite **www. langenscheidt.com/bonusmaterial**
2. Geben Sie dort den Code **zw607** ein.
3. Klicken Sie auf den Button »aktivieren«.
4. Klicken Sie auf Ihr gewünschtes Zusatzmaterial (MP3-Audiodateien, Vokabeltrainer-App).

Viel Spaß und Erfolg beim Lesen, Hören und Spanischlernen !

Inhalt

CIENTO CUARENTA

INFIERNO

CENIZAS

La Coruña
Castropol
Gijón
Oviedo
ASTURIAS
Santander
CANTABRIA
Bilbao
San Sebastián
PAIS VASCO
Santiago
Lugo
GALICIA
Pontevedra
Vigo
Orense
León
Vitoria
Pamplona
NAVARRA
Logroño
LA RIOJA
Burgos
Port-Bou
Gerona
CASTILLA
CATALUÑA
Aranda de Duero
Valladolid
Zamora
Zaragoza
Lérida
Barcelona
Calatayud
LEÓN
ARAGÓN
Tarragona
Salamanca

EL BRAZO

DINAMITA

LA DAMA DE BAZA

Guadalajara
Ávila
MADRID
Madrid
Teruel
Castellón de la Plana
Tarancón
Toledo
ISLAS BALEARES
Inca
Artá
Palma de Mallorca
Mallorca
Men
Cáceres
CASTILLA LA MANCHA
Valencia
VALENCIA
Valencia de Alcántara
EXTREMADURA
Isla de Cabrera
Badajoz
Mérida
Ciudad Real
Albacete
Ibiza
Isla de Formentera
Alicante

PAPEL EN BLANCO

MURCIA
Murcia
Linares
Córdoba
Jaén
Cartagena
Ayamonte
Sevilla
Huelva
ANDALUCÍA
Granada
Antequera
Almería
Jerez de la Frontera
Cádiz
Málaga
Algeciras
Gibraltar (U.K.)

EL CUADRO
Santiago de Cuba

1. Infierno

Hölle

1

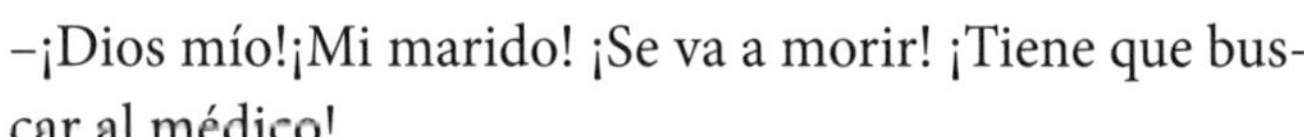

–¡Dios mío!¡Mi marido! ¡Se va a morir! ¡Tiene que buscar al médico!

Oye la voz de su mujer, Edunxe, y los pasos de la enfermera saliendo de la habitación. Siente una presión sobre la cara, le falta el aire. El "piiiip" largo de la máquina. Entonces se ve a sí mismo desde arriba, está flotando sobre la escena: ve su cuerpo muerto en la cama del hospital, su hermano Txomin que le quita la almohada que tiene sobre la cara y después ve a su mujer y su hermano abrazados, riéndose y bailando.

–¡Está muerto! ¡Muerto!

La puerta se abre y entran el médico y la enfermera. Su mujer empieza a llorar abrazada a Txomin.

–¡Está muerto! ¡Muerto!

Justo las mismas palabras que antes, pero con un tono totalmente distinto. El tono de perfecta viuda. La escena se hace cada vez más pequeña, como al fondo de un túnel. Allí ve al médico, que le hace un masaje cardíaco. Una luz blanca y agradable lo rodea. ¡Qué sensación de paz!

Y de pronto se siente caer. Un golpe y abre los ojos. Está de nuevo en su cuerpo. Oye el "pip, pip, pip" acelerado de la máquina. El médico sonríe cuando lo ve con vida. Edunxe se lanza sobre él y lo abraza.

–¡Mi amor! ¡Luz de mi vida! ¡Mi cielo! ¡Estás vivo! ¡Gracias a Dios!

»Oh mein Gott! Mein Mann! Er stirbt! Sie müssen den Arzt holen!«

Er hört die Stimme seiner Frau, Edunxe, und die Schritte der Krankenschwester, die aus dem Zimmer geht. Er spürt einen Druck auf seinem Gesicht, er bekommt keine Luft. Das lange „piiiiep" der Maschine. Dann sieht er sich selbst von oben, er schwebt über der Szene: Er sieht seinen toten Körper im Bett des Krankenhauses, seinen Bruder Txomin, der das Kissen wegnimmt, das auf seinem Gesicht liegt, und danach sieht er, wie seine Frau und sein Bruder sich umarmen, lachen und tanzen.

»Er ist tot! Tot!«

Die Tür öffnet sich und der Arzt und die Krankenschwester kommen herein. Seine Frau fängt in den Armen von Txomin an zu weinen.

»Er ist tot! Tot!«

Genau dieselben Worte wie vorher, aber mit einem ganz anderen Klang in der Stimme. Dem Klang der perfekten Witwe. Die Szene wird immer kleiner, wie am Ende eines Tunnels. Dort sieht er den Arzt, der ihm eine Herzmassage gibt. Er ist von einem angenehmen weißen Licht umgeben. Was für ein Gefühl von Frieden!

Und plötzlich spürt er, wie er fällt. Ein Schlag, und er öffnet die Augen. Er ist wieder in seinem Körper. Er hört das beschleunigte „piep, piep, piep" der Maschine. Der Arzt lächelt, als er sieht, dass er am Leben ist. Edunxe stürzt sich auf ihn und umarmt ihn.

»Mein Liebling! Licht meines Lebens! Mein Schatz! Du lebst! Gott sei Dank!«

Su hermano Txomin también lo abraza y lo besa. Su cuerpo reacciona con una mezcla de asco y terror.

–Es mejor salir de la sala. Necesita descansar.

Cuando Edunxe y Txomin se marchan, el médico y la enfermera comprueban su estado y le hablan con amabilidad.

–Ha tenido suerte, señor Asier. Ahora, a descansar.

Finalmente salen de la habitación y él queda solo. Lo único que oye es el sonido de la máquina y, a veces, los pasos de alguna enfermera por el pasillo. En su mente pasan una y otra vez las imágenes de su mujer y su hermano felices por su muerte. Ha oído hablar de experiencias así, de umbral de la muerte, y nunca las ha creído. ¿Y si son imaginaciones del cerebro? Está horrorizado con toda la escena. No la quiere creer.

Al día siguiente vuelven su mujer y su hermano. Se comportan de la forma más natural.

–Cariño, te he traído tus bombones favoritos –dice Edunxe.

Asier no responde, pero hace un gesto negativo con la cabeza. Desde el ictus no puede hablar.

–¿No quieres bombones? Pero si ayer te comiste la caja entera. Bueno, la voy a poner aquí y quizás después te apetecen.

Sein Bruder Txomin umarmt und küsst ihn ebenfalls. Sein Körper reagiert darauf mit einer Mischung aus Ekel und Entsetzen.

»Es ist besser, aus dem Zimmer zu gehen. Er muss sich ausruhen.«

Als Edunxe und Txomin weggehen, untersuchen der Arzt und die Krankenschwester seinen Zustand und sprechen freundlich mit ihm.

»Sie haben Glück gehabt, Herr Asier. Nun müssen Sie sich aber ausruhen.«

Schließlich gehen sie aus dem Zimmer und er bleibt allein. Das Einzige, was er hört, ist das Geräusch der Maschine und, ab und zu, die Schritte irgendeiner Krankenschwester auf dem Flur. Ihm gehen immer wieder die Bilder seiner Frau und seines Bruders, die glücklich über seinen Tod sind, durch den Kopf. Er hat von solchen Erlebnissen gehört, von der Schwelle zum Tod, doch er hat sie nie geglaubt. Und wenn es Hirngespinste sind? Er ist entsetzt von dem ganzen Schauspiel. Er möchte es nicht glauben.

Am nächsten Tag kommen seine Frau und sein Bruder wieder. Sie verhalten sich ganz natürlich.

»Schatz, ich habe dir deine Lieblingspralinen mitgebracht«, sagt Edunxe.

Asier antwortet nicht, aber er macht eine verneinende Geste mit dem Kopf. Seit dem Schlaganfall kann er nicht mehr sprechen.

»Möchtest du keine Pralinen? Aber du hast doch gestern die ganze Schachtel aufgegessen. Nun gut, ich lege sie hierhin, vielleicht ist dir später danach.«

Su mujer y su hermano le hablan como a un bebé desde el ictus. Odia eso. Quizás no puede hablar o moverse como antes, pero puede pensar, y no es idiota. Hace señal de que quiere dormir.

–Vale, amor, pero luego vamos a volver. Tienes que cuidarte. Y ahí están los bombones que tanto te gustan.

Cuando se van, Asier mira los bombones. Está seguro de que tienen algo dentro. El médico viene poco después y Asier indica que quiere levantarse. Toda la vida, además de sus exitosos negocios, ha practicado los deportes de su tierra, del País Vasco: **levantamiento de piedras** ⓘ o **corte de troncos** ⓘ, y eso se nota en la rápida recuperación. Empieza a caminar por el pasillo. Al principio, lentamente, pero al cabo de una hora, se siente casi como antes del ictus. En el pasillo está también un chico de unos ocho años con unos auriculares y mirando algo en la tableta. Tiene parte de la cara quemada. Asier se sienta un rato a su lado. El niño empieza a hablar con él.

–Estoy viendo otra vez la película "Scream". Es una de mis favoritas. ¿Te gustan las películas de terror? ¡Tengo muchas! Mira: "REC", "Sinister", "La matanza de Texas"...

A Asier le sorprende esto en un niño de ocho años, pero siente una simpatía automática hacia él.

Seine Frau und sein Bruder sprechen seit dem Schlaganfall mit ihm wie mit einem Baby. Er hasst das. Vielleicht kann er nicht mehr sprechen oder sich bewegen wie zuvor, aber er kann denken, und er ist nicht blöd. Er gibt ihnen zu verstehen, dass er schlafen möchte.

»Na gut, Schatz, aber wir kommen später wieder. Du musst auf dich achtgeben. Da sind die Pralinen, die du so gern magst.«

Als sie gehen, schaut sich Asier die Pralinen an. Er ist sich sicher, dass etwas in ihnen drin ist. Wenig später kommt der Arzt und Asier gibt ihm zu verstehen, dass er aufstehen möchte. Sein ganzes Leben lang hat er neben seinen erfolgreichen Geschäften auch die Sportarten seiner Heimat, des Baskenlandes, ausgeübt: Steine heben oder Baumstämme schneiden, und das merkt man an der raschen Genesung. Er fängt an, den Flur entlangzugehen. Anfangs langsam, aber nach einer Stunde fühlt er sich fast wie vor dem Schlaganfall. Auf dem Flur ist auch ein etwa acht Jahre alter Junge mit Kopfhörern, der sich etwas auf dem Tablet anschaut. Ein Teil seines Gesichts ist verbrannt. Asier setzt sich einen Augenblick neben ihn. Der Junge fängt an, mit ihm zu reden.

»Ich sehe mir noch mal den Film „Scream“ an. Das ist einer meiner Lieblingsfilme. Magst du Horrorfilme? Ich habe viele! Schau mal: „REC“, „Sinister“, „Blutgericht in Texas“ …«

Asier überrascht dies bei einem achtjährigen Jungen, aber er ist ihm direkt sympathisch.

Los días pasan rápido. Los médicos le dicen que puede irse a casa, que físicamente está bien y que el habla va a volver poco a poco con una terapia. Sin embargo, Asier insiste en quedarse más. Cada día coincide con el niño en el pasillo y poco a poco recupera su voz para comunicarse con él.

–¿Ves? Aquí parece que hay alguien detrás de la cortina, pero el asesino está escondido detrás del sofá… ¡Hala! ¡Mira cuánta sangre!

Cuando oye los pasos de la enfermera lejos, Asier sale de la habitación sin hacer ruido, va hasta el final del pasillo, abre la ventana y sale a la escalera de incendios. El hospital está en una zona con bastante tráfico y no tarda en encontrar un taxi.

–¿Adónde lo llevo, señor?

–A Ugaldetxo –dice.

Es allí donde está su caserío, su hogar.

Txomin y Edunxe están en la cama fumando un cigarrillo.

–Yo creo que sospecha algo y ya no toma los bombones –dice ella. Quizás notó el momento en que pusimos la almohada sobre su cara.

–Imposible.

Die Tage vergehen schnell. Die Ärzte sagen ihm, dass er nach Hause gehen könne, dass es ihm körperlich gut gehe und dass er mit einer Therapie auch nach und nach wieder sprechen werden könne. Dennoch besteht Asier darauf, länger zu bleiben. Jeden Tag trifft er den Jungen auf dem Flur und allmählich gewinnt er seine Stimme zurück, so dass er sich mit ihm verständigen kann.

»Siehst du? Hier sieht es so aus, als wäre jemand hinter dem Vorhang, aber der Mörder ist hinter dem Sofa versteckt … Boah! Schau mal, wie viel Blut!«

Als er die Schritte der Krankenschwester in der Ferne hört, verlässt Asier lautlos das Zimmer, geht bis zum Ende des Flurs, öffnet das Fenster und steigt hinaus auf die Feuerleiter. Das Krankenhaus befindet sich in einer Gegend mit ziemlich viel Verkehr und es dauert nicht lange, bis er ein Taxi findet.

»Wohin soll ich Sie bringen?«

»Nach Ugaldetxo«, sagt er.

Dort befindet sich sein Gehöft, sein Zuhause.

Txomin und Edunxe liegen im Bett und rauchen eine Zigarette.

»Ich glaube, dass er etwas ahnt und die Pralinen daher nicht mehr isst«, sagt sie. »Vielleicht hat er es gemerkt, als wir ihm das Kissen auf sein Gesicht gedrückt haben.«

»Unmöglich.«

–No soporto más esta situación. Si no toma los bombones, seguro que bebe agua. Mañana voy a echar dos dosis de digitoxina en el vaso de agua. Cualquier día puede volver a casa. Me da asco todo él. Prefiero la miseria más absoluta a todo este lujo con su presencia.

De repente, se oye un sonido que viene de la planta baja.

–Otra vez el viento –dice Txomin– Quizás una ventana abierta, voy a mirar.

Txomin se pone un pantalón de pijama y baja las escaleras. Cuando llega al salón, la luz no funciona.

–¿Qué es? –pregunta Edunxe desde arriba.

–Nada, no va la luz. Quizás han saltado los plomos de la planta baja.

Y entonces la ve, la silueta de alguien detrás de la cortina de la ventana del salón. Txomin busca en la penumbra algún objeto con el que defenderse y finalmente encuentra el atizador. Camina lentamente hacia la silueta y después de contar tres, levanta el atizador y lo deja caer con fuerza sobre la figura. Para su sorpresa comprueba que es una lámpara que alguien ha colocado detrás de la cortina. Pero no le da tiempo a reaccionar. Siente un dolor agudo detrás de las rodillas y cae al suelo. Cuando mira, ve que alguien le ha cortado los tendones. El dolor es insoportable y la sangre sale como un río. Un golpe y la oscuridad absoluta. El cuerpo cae en la alfombra.

»Ich kann diese Situation nicht länger ertragen. Wenn er die Pralinen nicht isst, trinkt er doch sicher Wasser. Morgen werde ich ihm die zweifache Dosis Digitoxin in sein Glas Wasser tun. Er kann jeden Tag nach Hause zurückkehren. Er widert mich so an. Ich hätte noch lieber ein absolut elendiges Dasein als diesen ganzen Luxus mit seiner Anwesenheit.«

Auf einmal ist ein Geräusch zu hören, das aus dem Erdgeschoss kommt.

»Schon wieder der Wind, sag Txomin. Vielleicht ein offenes Fenster, ich sehe mal nach.«

Txomin zieht sich eine Pyjamahose an und geht die Treppe hinunter. Als er im Wohnzimmer ankommt, geht das Licht nicht an.

»Was ist es?«, fragt Edunxe von oben.

»Nichts, das Licht geht nicht an. Vielleicht ist die Sicherung im Erdgeschoss herausgesprungen.«

Und dann sieht er ihn, den Umriss von jemandem hinter der Gardine des Wohnzimmerfensters. Txomin sucht im Dunkeln nach einem Gegenstand, um sich zu verteidigen, und findet schließlich den Schürhaken. Er geht langsam auf die Silhouette zu und, nachdem er bis Drei gezählt hat, hebt er den Schürhaken und lässt ihn mit Kraft auf die Gestalt hinuntersausen. Zu seiner Überraschung stellt er fest, dass es eine Lampe ist, die jemand hinter die Gardine gestellt hat. Aber er hat keine Zeit, zu reagieren. Er spürt einen stechenden Schmerz hinter seinen Knien und fällt auf den Boden. Als er nachschaut, sieht er, dass ihm jemand seine Sehnen durchgeschnitten hat. Der Schmerz ist unerträglich und das Blut fließt hinaus wie ein Fluss. Ein Schlag und dann absolute Dunkelheit. Sein Körper fällt auf den Teppich.

Asier sube silenciosamente las escaleras. Cuando llega a la habitación, ve la cama vacía. Encima de la mesita de noche hay una foto de su mujer y él el día de la boda. Tira el retrato contra la pared. Oye un ruido y corre al pasillo. Ve salir del baño a Edunxe, que empieza a gritar y bajar las escaleras corriendo. Asier se lanza detrás de ella y, cuando la alcanza, ambos caen por las escaleras y ruedan hasta el salón. El cuchillo desaparece en la oscuridad y Asier pone sus manos en el cuello de Edunxe para estrangularla.

–¿Cuándo empezó todo? ¿Cuándo? ¿El día de nuestra boda? ¿Ya entonces decidisteis acabar conmigo?

La cara de Edunxe está cada vez más roja. Con el brazo extendido ha palpado el suelo y ha alcanzado el atizador. Coge fuerzas y golpea con él la cabeza de Asier.

Esta vez no hay túnel, no hay luz. Solamente oscuridad y silencio. La risa de Edunxe suena cada vez más lejos.

Es difícil ir al entierro de tu amante y tu marido el mismo día, sobre todo cuando tu marido es el asesino. Pero Edunxe lo logra porque ahora es millonaria y libre. De hecho, lo primero que hace es ir a cenar al mejor restaurante del Paseo de la Concha con sus amigas.

Tiene que volver a casa en taxi. Ha bebido demasiado y no ha querido coger el coche. Cuando llega al caserío, descubre a un niño de unos ocho años en la puerta.

Asier geht leise die Treppe hinauf. Als er im Zimmer ankommt, sieht er, dass das Bett leer ist. Auf dem Nachttisch steht ein Foto von seiner Frau und ihm am Hochzeitstag. Er schleudert das Bild gegen die Wand. Er hört ein Geräusch und rennt zum Flur. Er sieht Edunxe aus dem Bad hinausgehen, die anfängt zu schreien und schnell die Treppe hinunterläuft. Asier eilt ihr hinterher und als er sie einholt, fallen beide die Treppe hinunter und rollen bis zum Wohnzimmer. Das Messer verschwindet in der Dunkelheit und Asier legt seine Hände um den Hals von Edunxe, um sie zu erwürgen.

»Wann hat das alles angefangen? Wann? Am Tag unserer Hochzeit? Habt ihr da schon beschlossen, mich aus dem Weg zu räumen?«

Edunxes Gesicht wird immer röter. Mit dem ausgestreckten Arm hat sie den Boden ertastet und nach dem Schürhaken gegriffen. Sie sammelt Kraft und schlägt damit auf Asiers Kopf ein.

Dieses Mal gibt es keinen Tunnel, kein Licht. Nur Dunkelheit und Stille. Edunxes Lachen klingt immer weiter entfernt.

Es ist schwierig, am selben Tag zur Beerdigung des Geliebten und des Ehemannes zu gehen, vor allem wenn der Ehemann der Mörder ist. Aber Edunxe gelingt es, weil sie jetzt Millionärin und frei ist. In der Tat ist das Erste, was sie macht, im besten Restaurant der Concha-Promenade mit ihren Freundinnen essen zu gehen.

Sie muss mit dem Taxi zurück nach Hause fahren. Sie hat zu viel getrunken und wollte nicht mit dem Auto fahren. Als sie am Gehöft ankommt, entdeckt sie an der Tür einen etwa achtjährigen Jungen.

–Pero ¿quién eres? ¿Qué haces aquí?

El niño la mira con una expresión triste.

–Me he perdido, ¿puedo entrar y llamar desde aquí a mis padres?

–¡Claro, mi vida!

Cuando está más cerca, Edunxe puede ver que tiene parte de la cara quemada y siente aún más ternura.

–¿Cómo te llamas, mi cielo?

El niño no responde, pero cuando ella abre la puerta y le deja pasar, pregunta:

–¿Usted cree en el infierno?

Los ojos del niño brillan de forma extraña.

»Wer bist du denn? Und was machst du hier?«

Der Junge schaut sie mit einem traurigen Gesichtsausdruck an.

»Ich habe mich verlaufen, kann ich mit hineinkommen und von hier aus meine Eltern anrufen?«

»Natürlich, mein Schatz!«

Aus der Nähe kann Edunxe nun sehen, dass ein Teil seines Gesichts verbrannt ist, und verspürt noch mehr Zuneigung.

»Wie heißt du, mein Engel?«

Der Junge antwortet nicht, aber als sie die Tür aufmacht und ihn hereinlässt, fragt er:

»Glauben Sie an die Hölle?«

Die Augen des Jungen leuchten dabei auf seltsame Weise.

Levantamiento de piedras

ⓘ Beim **levantamiento de piedras** (***Steineheben***) handelt es sich um eine ländliche Sportart, bei der Steinbrocken ohne Hilfsmittel vom Boden auf die Schulter gehoben werden. Sie hat ihren Ursprung in der Arbeit in Bauernhäusern und Steinbrüchen und ist bei Volksfesten im Baskenland sehr beliebt. In einigen Dörfern sind die ursprünglich unregelmäßig geformten Steine erhalten geblieben, heute werden jedoch überwiegend geometrische Formen (Zylinder, Würfel, Kugel und Rechteck) verwendet, wobei jede Steinform eine ganz bestimmte Technik erfordert.

Corte de troncos

ⓘ Die Sportart **Corte de troncos** (***Baumstämme schneiden***) hat ihren Ursprung bei den baskischen Holzfällern, die das Holz zum Heizen der Bauernhäuser schlugen. Die Teilnehmenden wetteifern darum, mit einer Axt einen Baumstamm von beträchtlicher Dicke in möglichst kurzer Zeit zu fällen.

Das Baskenland ist eine vom Meer und den Bergen geprägte Landschaft an der Atlantikküste, benannt nach dem Volk der Basken. Die baskische Sprache ist mit keiner anderen europäischen Sprache verwandt und sie wird von ca. 750.000 Menschen gesprochen, die vor allem im Norden Spaniens und Südwesten Frankreichs leben.

Donostia-San Sebastián ist die Hauptstadt der Provinz **Gipuzkoa** im Baskenland. Sie liegt an einer muschelförmigen Bucht mit sandigen Stränden, ca. 20 km westlich der französischen Grenze. Die schöne Altstadt, die Hafenpromenade, die exzellente Küche, das Tamborradas-Fest mit seinen Trommelparaden, die **Semana Grande** („***Große Woche***") im August sowie die Internationalen Filmfestspiele locken viele Touristinnen und Touristen in die Stadt. Doch was sich zuweilen hinter schönen Fassaden und verschlossenen Türen abspielt, kann keiner wirklich erahnen.

2. El brazo

Der Arm

2

–Esta nueva chica que trae la leche, ¿no te parece un poco rara? –preguntó una de las mujeres del servicio del palacio de El Pardo cerrando la puerta y poniendo la caja con botellas de leche encima de la mesa.

–¿Cuál? ¿Manola? –responde otra– Sí, no parece tener muchas luces.

–¿Cómo van las natillas?

Las cocinas del palacio no eran las únicas que trabajaban sin pausa para tener todo listo para la fiesta de cumpleaños del dictador Francisco Franco. También el personal del comedor, de seguridad y los jardineros se movían a un ritmo febril. La señora, Carmen Polo, lo controlaba todo. Estaba bastante satisfecha con la organización. Lo único que no le gustaba era la actuación de Rosario Gómez, la "Bandolera de **Grazalema**" ⓘ, pero su cuñado Ramón insistía.

–A Franco le gusta la **copla** ⓘ.

–A él sí, a ti aún más, pero a mí no –pensaba ella. Le parecía que todas las cantantes eran unas mujerzuelas y que solamente inspiraban una cosa: pecados.

Rosario se preparaba para la actuación y repetía los detalles con su hermano, Gonzalo.

–Entonces, cuando yo empiezo a cantar, tú sales del salón. ¿Recuerdas dónde está la habitación según el plano? Tomas el brazo, lo pones en la bolsa y sales muy rápido de allí. Nosotros no vamos a dejar el palacio hasta tu llamada. Así no van a sospechar de nosotros.

»Dieses neue Mädchen da, das die Milch bringt, findest du es nicht etwas seltsam?«, fragte eines der Dienstmädchen im Schloss El Pardo, während es die Tür schloss und eine Kiste mit Milchflaschen auf den Tisch stellte.

»Welches? Manola?«, antwortet eine andere. »Ja, sie scheint nicht sonderlich intelligent.«

»Was macht der Vanillepudding?«

Nicht nur die Palastküchen arbeiteten ununterbrochen, um alles für die Geburtstagsfeier des Diktators Francisco Franco vorzubereiten. Auch das Personal des Speisesaals, die Sicherheitskräfte und die Gärtner arbeiteten fieberhaft. Die Hausherrin, Carmen Polo, hatte alles im Blick. Sie war mit der Organisation ziemlich zufrieden. Das Einzige, was ihr nicht gefiel, war die Aufführung von Rosario Gómez, die „Banditin von Grazalema"; aber ihr Schwager Ramón bestand darauf.

»Franco gefällt das Volkslied.«

»Ihm ja, und dir umso mehr, aber mir nicht«, dachte sie. Sie hatte den Eindruck, dass alle Sängerinnen leichte Mädchen waren und dass sie nur zu einer Sache anregten: Sündigen.

Rosario bereitete sich auf die Aufführung vor und ging mit ihrem Bruder, Gonzalo, die Details durch.

»Also, wenn ich anfange zu singen, verlässt du den Saal. Weißt du noch, wo dem Grundriss nach das Zimmer ist? Du nimmst den Arm, steckst ihn in die Tasche und verschwindest dann schnell von dort. Wir werden das Schloss bis zu deinem Anruf nicht verlassen. So werden sie uns nicht verdächtigen.«

Gonzalo estudiaba el plano una vez más. El plan era arriesgado. Querían robar la reliquia del brazo de Santa Teresa, que tenía el matrimonio Franco en su dormitorio, para hacerles chantaje: el brazo a cambio de liberar a un preso político: Emilio Justo, el novio de Rosario.

–¿Y si sale mal? –pensó Rosario, mientras se ponía el vestido de flamenca delante del espejo y probaba diferentes movimientos. Pero ella misma se respondió.

–No, no va a salir mal.

Emilio y Rosario se conocieron poco después de la guerra, cuando ella se ganaba la vida cantando para los soldados que todavía quedaban en la zona de los Pirineos luchando contra los **maquis** ⓘ. Emilio era uno de ellos. Una noche, cuando ella actuaba para un grupo de guardias civiles en un pueblo de Navarra, entró el grupo de maquis y empezó a disparar a todos ellos. Los soldados apenas tuvieron tiempo para reaccionar. Rosario intentó huir, pero uno de los maquis, Mario, la cogió por el brazo.

–Tú te vienes con nosotros.

Entonces Emilio empujó a su compañero.

–Esta mujer no tiene nada que ver con nuestra lucha y se queda aquí. Luchamos contra los fascistas, no contra el pueblo español.

Su compañero lo miró con odio.

–Pero ¿no ves que es una de los franquistas, que baila y canta para ellos para animarlos a luchar contra nosotros?

Gonzalo studierte noch einmal den Grundriss. Der Plan war riskant. Sie wollten die Reliquie des Arms der Heiligen Teresa rauben, die das Ehepaar Franco in seinem Schlafzimmer hatte, um sie zu erpressen: der Arm gegen die Freilassung eines politischen Gefangenen: Emilio Justo, Rosarios Lebensgefährte.

»Und wenn es schiefgeht?«, dachte Rosario, während sie vor dem Spiegel das Flamencokleid anzog und verschiedene Bewegungen ausprobierte. Aber sie antwortete sich selbst.

»Nein, es wird nicht schiefgehen.«

Emilio und Rosario lernten sich kurz nach dem Krieg kennen, als sie ihren Lebensunterhalt als Sängerin für die Soldaten verdiente, die noch in der Region der Pyrenäen gegen die Widerstandskämpfer, die *Maquis*, kämpften. Emilio war einer von ihnen. Eines Nachts, als sie in einem Dorf in Navarra vor einer Gruppe von Zivilgardisten auftrat, kam die Gruppe von *Maquis* herein und fing an, auf sie alle zu schießen. Die Soldaten hatten kaum Zeit, zu reagieren. Rosario versuchte zu fliehen, aber einer der *Maquis*, Mario, packte sie am Arm.

»Du kommst mit uns.«

Dann stieß Emilio seinen Mitstreiter weg.

»Diese Frau hat nichts mit unserem Kampf zu tun und bleibt hier. Wir kämpfen gegen die Faschisten, nicht gegen das spanische Volk.«

Sein Kamerad sah ihn hasserfüllt an.

»Siehst du denn nicht, dass sie eine von Francos Anhängern ist, dass sie für sie tanzt und singt, um sie dazu anzuspornen, gegen uns zu kämpfen?«

Emilio le gritó:

–Se queda aquí y punto. Y ahora nos tenemos que marchar. En cualquier momento van a llegar refuerzos franquistas.

A la noche siguiente, cuando ella estaba en la habitación de la pensión donde vivían ella y su grupo de músicos, alguien lanzó una piedrecita a su ventana. Cuando la abrió, vio en la calle a Emilio. Desde aquella noche, se empezaron a ver casi a diario. Hasta el día en que los franquistas entraron en las montañas, mataron a la mayoría del grupo y detuvieron al resto, Emilio entre ellos.

Después de la cena, los invitados pasaron a un salón donde estaba colocado un pequeño escenario. Franco y su esposa se sentaron en unas sillas en la primera fila. Primero unos niños cantaron el cumpleaños feliz al dictador y recitaron poemas. Después hubo una pequeña obra de teatro; finalmente entraron los músicos y subió al escenario Ramón.

–Querido cuñado, querida cuñada. Para terminar estas actuaciones me pareció que tenía que estar lo mejor. Y lo mejor de hoy en nuestra España es ¡Rosario Gómez, la "Bandolera de Grazalema"!

Todos los invitados, incluido Franco, empezaron a aplaudir entusiasmados. Rosario entró en la sala y subió al escenario. Iba cubierta con una bandera de la Falange. Cuando empezó a sonar la música, se la quitó y empezó a cantar la copla "En tierra extraña".

Emilio schrie ihn an:

»Sie bleibt hier und fertig. Und jetzt müssen wir gehen. Francos Verstärkungstruppen können jeden Moment kommen.«

In der nächsten Nacht, als sie sich im Zimmer der Pension aufhielt, in der sie und ihre Musikergruppe wohnten, warf jemand einen kleinen Stein gegen ihr Fenster. Als sie es öffnete, sah sie auf der Straße Emilio. Von dieser Nacht an fingen sie an, sich fast täglich zu sehen. Bis zu dem Tag, an dem die Anhänger Francos in die Berge eindrangen, den Großteil der Gruppe töteten und die restlichen Kämpfer, Emilio unter ihnen, festnahmen.

Nach dem Abendessen gingen die Gäste in einen Saal, in dem eine kleine Bühne aufgebaut war. Franco und seine Frau setzten sich auf Stühle in der ersten Reihe. Als erstes sangen einige Kinder dem Diktator ein Geburtstagsständchen und sagten Gedichte auf. Danach gab es eine kleine Theateraufführung; zum Schluss kamen die Musiker hinein und Ramón ging auf die Bühne.

»Lieber Schwager, liebe Schwägerin. Ich fand, dass zum Schluss dieser Aufführungen das Beste kommen müsse. Und das Beste von heute in unserem Spanien ist Rosario Gómez, die „Banditin von Grazalema“!«

Alle Gäste, auch Franco, fingen an mit Enthusiasmus zu klatschen. Rosario betrat den Saal und ging auf die Bühne. Sie war mit einer Fahne der Falange bedeckt. Als die Musik ertönte, legte sie diese ab und fing an, das Volkslied „In einem fremden Land“ zu singen.

Gonzalo estaba detrás de todo el público. No era fácil salir de allí sin llamar la atención de alguien del personal de servicio. Fue caminando hacia atrás.

–Señor, ¿le pasa algo? –le dijo una doncella que estaba recogiendo platos del comedor. –Sí, yo, eh, busco un baño, no me siento bien –respondió Gonzalo.

–Al final del pasillo –le indicó la mujer sin prestar mucha atención.

Gonzalo fue en esa dirección, pero cuando comprobó que nadie lo veía, empezó a correr hacia el dormitorio de los Franco.

Rosario, después de la segunda canción, tomó una copa y dijo estas palabras:

–Generalísimo, señora marquesa, amigos y amigas todos, quiero proponer un brindis por el salvador de España.

Todos pusieron las copas en alto y brindaron. Entonces Rosario cogió la bandera de la Falange y empezó a imitar a un matador que torea.

–Así, así se torea a los rojos y así se vencen, ¡olé!

Para Carmen Polo aquello era demasiado y se levantó de repente.

–¿Te pasa algo? –le preguntó Franco.

–No estoy bien, voy al dormitorio por mis sales.

Gonzalo stand hinter dem Publikum. Es war nicht leicht, hinauszugehen, ohne beim Servicepersonal Aufsehen zu erregen. Er begab sich weiter nach hinten.

»Señor, ist etwas mit Ihnen?«, sprach ihn ein Dienstmädchen an, das gerade die Teller im Esszimmer wegräumte. »Ja, ähm, ich suche ein Bad, es geht mir nicht gut«, antwortete Gonzalo.

»Am Ende des Flurs«, sagte die Frau, ohne ihm viel Aufmerksamkeit zu schenken.

Gonzalo ging in diese Richtung, aber als er sich sicher war, dass ihn niemand sehen konnte, fing er an, zum Schlafzimmer der Francos zu laufen.

Nach dem zweiten Lied nahm Rosario ein Glas und sagte folgende Worte:

»Generalísmo, Señora Marquesa, Freunde und Freundinnen, ich möchte einen Toast auf den Retter Spaniens aussprechen.«

Sie alle erhoben ihre Gläser und stießen an. Dann nahm Rosario die Fahne der Falange und fing an, einen Matador im Kampf mit einem Stier zu nachzuahmen.

»So, so bekämpft man die Roten und so schlägt man sie, olé!«

Für Carmen Polo war dies zu viel, sie stand plötzlich auf.

»Was hast du?«, fragte sie Franco.

»Mir ist nicht gut, ich gehe ins Schlafzimmer, meine Salze holen«.

Rosario, cuando la oyó, hizo un movimiento brusco y se cayó al suelo. Varios invitados corrieron a ayudarla, pero Carmen Polo solamente la miró, movió la cabeza con desaprobación y salió del salón. Se dirigía a su habitación cuando llegó una doncella.

–Señora, algo extraño está ocurriendo. Varias personas de cocina tienen mareos, vómitos y tiemblan.

–¡Santos del cielo! ¡Ahora mismo voy! –exclamó Carmen.

Gonzalo estaba justo detrás de la puerta del dormitorio con el brazo en la bolsa y el corazón en la garganta.

Rosario terminó su actuación y muchos invitados, Franco el primero, se acercaron a felicitarla. Se fueron formando poco a poco pequeños grupos de conversación. Eran las diez de la noche y según el plan, Gonzalo tenía que estar ya fuera de El Pardo con el brazo de la santa. Los invitados se iban marchando. Pero entonces pasó. Un miembro de seguridad entró y se dirigió a Franco. El dictador quedó pálido y salió de la sala. En el pasillo había un teléfono.

–Tenemos el brazo de Santa Teresa. Si lo quiere recuperar, debe liberar antes de tres días al preso político Emilio Justo de la cárcel de Carabanchel, darle un pasaporte y un billete para París. Si no lo hace, vamos a tirar la reliquia a los cerdos.

Als Rosario sie hörte, machte sie eine abrupte Bewegung und fiel zu Boden. Mehrere Gäste kamen angelaufen, um ihr zu helfen, aber Carmen Polo sah sie nur an, schüttelte missbilligend den Kopf und verließ den Saal. Sie bewegte sich auf ihr Zimmer zu, als ein Dienstmädchen zu ihr kam.

»Señora, etwas Seltsames geht hier vor sich. Mehreren Personen in der Küche ist schwindelig, sie erbrechen und zittern.«

»Heiliger Himmel! Ich komme sofort!«, rief Carmen.

Gonzalo befand sich genau hinter der Schlafzimmertür, mit dem Arm in der Tasche und das Herz schlug ihm bis zum Hals.

Rosario beendete ihre Darbietung und viele Gäste, Franco als Erster, kamen zu ihr, um ihr zu gratulieren. Es bildeten sich nach und nach kleine Gruppen, die sich unterhielten. Es war zehn Uhr nachts und dem Plan zufolge sollte Gonzalo bereits mit dem Arm der Heiligen El Pardo verlassen haben. Die Gäste gingen nach und nach. Aber dann geschah es. Ein Sicherheitsmitarbeiter kam hinein und ging auf Franco zu. Der Diktator wurde bleich und verließ den Saal. Auf dem Flur war ein Telefon.

»Wir haben den Arm der Heiligen Teresa. Wenn Sie ihn zurückhaben möchten, müssen Sie innerhalb von drei Tagen den politischen Gefangenen Emilio Justo aus dem Gefängnis von Carabanchel entlassen und ihm einen Pass und ein Ticket nach Paris geben. Wenn Sie es nicht tun, werden wir die Reliquie den Schweinen zum Fraß vorwerfen.«

Emilio Justo dormía en la celda con Chema y Mario, sus compañeros durante la Guerra Civil y como maquis en las montañas de Navarra, cuando de repente se abrió la puerta y entraron dos guardias civiles.

–Prisionero Justo, ¡arriba!

Los tres se despertaron asustados. Una entrada así solía ser sinónimo de ejecución.

–Soy yo, señor – dijo Emilio levantándose.

–Puede ir recogiendo sus cosas. Mañana al final del día va a abandonar la prisión. Aquí tiene un pasaporte y un billete de tren a París.

–Pero...

Los guardias abandonaron la celda y cerraron la puerta detrás de ellos sin esperar una respuesta.

–Pero, pero no entiendo nada –dijo Emilio.

Sus compañeros lo miraban sin entender nada tampoco. Finalmente, Chema se bajó de la cama y le dio un abrazo.

–Me alegro por ti, camarada.

Mario le dio también un abrazo, sin embargo, su mirada se fijó en la de Chema como para comunicarle un pensamiento, cosa que pudo hacer verbalmente al día siguiente durante el desayuno, mientras Emilio tomaba su taza de sopa.

–Tío, yo creo que este se ha chivado. Nos ha traicionado. Es un perro traidor –susurró Mario.

–Pero ¿cómo lo sabes? –respondió Chema con timidez.

Emilio Justo schlief in einer Zelle mit Chema und Mario, seinen Mitstreitern während des Bürgerkriegs und als *Maquis* in den Bergen Navarras, als plötzlich eine Tür aufging und zwei Zivilgardisten hereinkamen.

»Gefangener Justo, stehen Sie auf!«

Die drei wachten erschrocken auf. Ein solcher Zelleneintritt war normalerweise gleichbedeutend mit einer Hinrichtung.

»Das bin ich, Señor«, sagte Emilio, während er aufstand.

»Sie können Ihre Sachen schon mal aufräumen. Morgen werden Sie am Ende des Tages das Gefängnis verlassen. Hier haben Sie einen Pass und ein Zugticket nach Paris.«

»Aber…«

Die Wächter verließen die Zelle und schlossen die Tür hinter sich, ohne auf eine Antwort zu warten.

»Aber, aber ich verstehe das alles nicht«, sagte Emilio.

Seine Kameraden sahen ihn ebenso ratlos an. Schließlich stieg Chema von seinem Bett hinab und umarmte ihn.

»Ich freue mich für dich, Kamerad.«

Mario umarmte ihn ebenfalls, aber sein Blick war auf Chema gerichtet, als wolle er ihm einen Gedanken mitteilen, was er am nächsten Tag während des Frühstücks in Worten tat, während Emilio seine Tasse Suppe zu sich nahm.

»Mann, ich glaube der hat uns verraten. Er hat uns hintergangen. Er ist ein verräterischer Hund«, flüsterte Mario.

»Aber, woher weißt du das?«, antwortete Chema schüchtern.

–¿Que cómo lo sé? –dijo Mario con desprecio – Pero ¿tú crees que Franco libera a rojos así sin más? Tío, que te lo digo, que nos ha vendido.

Emilio apareció de pronto detrás. Chema y Mario se callaron al instante. El silencio continuó durante la hora que les daban para descansar en el patio.

–Prisionero Justo, tiene visita –gritó un guardia.

Emilio salió del patio. En la sala de visitas estaba Rosario, disfrazada y con una identidad falsa.

–¿Qué ha pasado? –le dice Emilio– Estoy libre.

–No te lo puedo explicar ahora, pero es cierto. Te espero en la estación de Atocha hoy a las diez de la noche.

–Pero Chema y Mario, ellos,… ellos creen que soy un traidor, ¿cómo se lo puedo explicar? No sé si está bien dejarlos aquí. Hemos estado siempre juntos.

–Pues tienen que quedarse aquí, ya no se puede hacer nada. Yo no quiero estar luchando toda la vida. Yo quiero vivir.

Rosario extendió la mano a través de las rejas. Emilio la extendió también. Sus dedos se tocaron unos instantes.

–Hasta pronto –dijo Rosario.

Cuando Emilio entró en su celda, Mario saltó sobre él y Chema cerró la puerta.

–¡Traidor! No vas a salir de aquí con vida.

»Woher ich das weiß?«, sagte Mario mit Verachtung. »Glaubst du denn, Franco befreit Rote einfach so? Mann, ich sag dir, der hat uns verraten.«

Emilio tauchte plötzlich von hinten auf. Chema und Mario verstummten augenblicklich. Die Stille hielt die ganze Stunde über an, die man ihnen als Hofgang gab, um sich auszuruhen.

»Gefangener Justo, Sie haben Besuch«, rief ein Wächter.

Emilio verließ den Hof. Im Besucherraum war Rosario, verkleidet und mit falscher Identität.

»Was ist passiert«, sagt Emilio zu ihr. »Ich bin frei.«

»Ich kann es dir jetzt nicht erklären, aber es ist wahr. Ich warte heute Nacht um zehn Uhr am Bahnhof von Atocha auf dich.«

»Aber Chema und Mario, sie, … sie glauben, ich bin ein Verräter. Wie kann ich es ihnen erklären? Ich weiß nicht, ob es in Ordnung ist, sie hier zu lassen. Wir sind stets zusammen gewesen.«

»Aber sie müssen nun mal hierbleiben, wir können nichts mehr tun. Ich möchte nicht mein ganzes Leben lang kämpfen. Ich möchte leben.«

Rosario streckte die Hand durch die Gitterstäbe hindurch. Emilio streckte sie ebenfalls hindurch. Ihre Finger berührten sich für einen Moment.

»Bis bald«, sagte Rosario.

Als Emilio seine Zelle betrat, sprang Mario auf ihn und Chema schloss die Tür.

»Verräter! Du wirst hier nicht lebendig herauskommen.«

Mario lo tiró encima de la cama, le cogió el brazo y lo torció hacia atrás. Emilio gritó, pero Mario apretó con la otra mano su cara contra la almohada. Chema cogió la cabeza y la presionó todavía más.

Cuando Emilio dejó de mover sus pies y el cuerpo se relajó, supieron que ya estaba muerto.

–¡Lo hemos matado! –dijo Chema llorando.

–¡Y bien hecho está! –respondió Mario– Vamos a llamar a un guardia. No quiero estar con este cadáver aquí.

Rosario paseaba impaciente por el andén. Miraba el reloj y la entrada de la estación sin parar. Llegaban personas, pero ninguna era Emilio.

–Dios mío, vamos a perder el tren –decía entre lágrimas– ¿Y si le ha pasado algo? ¿Si al final Franco ha cambiado de opinión?

El revisor del tren tocó el silbato y gritó por última vez.

–¡Viajeros al tren!

Apareció entonces un chico corriendo hacia ella. Era Gonzalo.

–¿Qué pasa? ¿Por qué no está aquí Emilio? –preguntó Rosario.

–Emilio ha muerto –dijo Gonzalo–. Dicen que lo han matado sus compañeros de celda, pero no me lo creo…

Rosario se sentó en un banco.

–Sí, sí que me lo creo.

Tardó unos minutos en recuperar el sentido de la realidad y entender lo que pasaba. Cuando empezó a llorar sin consuelo, el tren ya estaba fuera de la estación. Ya casi ni se oía.

Mario warf ihn auf das Bett, packte seinen Arm und drehte ihn nach hinten. Emilio schrie, aber Mario drückte mit der anderen Hand sein Gesicht gegen das Kopfkissen. Chema packte seinen Kopf und drückte ihn noch fester.

Als Emilio aufhörte, seine Füße zu bewegen und sein Körper sich entspannte, wussten sie, dass er tot war.

»Wir haben ihn getötet!«, sagte Chema weinend.

»Und das ist gut so!«, antwortete Mario. »Lass uns einen Wächter rufen. Ich möchte nicht mit dieser Leiche hier sein.«

Rosario ging ungeduldig auf dem Bahnsteig auf und ab. Sie sah immer wieder auf die Uhr und zum Eingang des Bahnhofs. Es kamen Leute an, aber keiner von ihnen war Emilio.

»Mein Gott, wir werden den Zug verpassen«, sagte sie unter Tränen. »Und wenn ihm etwas zugestoßen ist? Wenn Franco am Ende seine Meinung geändert hat?«

Der Schaffner blies in seine Pfeife und rief zum letzten Mal.

»Alle Reisenden bitte einsteigen!«

Dann tauchte plötzlich ein junger Mann auf, der auf sie zulief. Es war Gonzalo.

»Was ist los? Warum ist Emilio nicht hier?«, fragte Rosario.

»Emilio ist tot«, sagte Gonzalo. »Sie sagen, dass seine Zellengenossen ihn getötet haben, aber ich glaube das nicht …«

Rosario setzte sich auf eine Bank.

»Doch, doch ich glaube das.«

Es brauchte einige Minuten, bis sie wieder zur Besinnung kam und verstand, was los war. Als sie anfing, untröstlich zu weinen, hatte der Zug den Bahnhof bereits verlassen. Er war kaum noch zu hören.

La puerta de la celda se abrió de repente, entraron dos guardias y levantaron de la cama violentamente a Mario y Chema.

–Pero ¿qué pasa? –gritó Mario.

–¡Arriba ahora mismo! Tenemos órdenes de poneros unas preciosas diademas en la cabeza.

–¡No, por favor, no! –empezó a gritar Chema.

Mientras Mario siguió a los guardias, tuvieron que venir varios para arrastrar a Chema. En el patio de la cárcel estaba preparado el garrote vil para su ejecución.

No había nadie más que cuatro guardias y el verdugo. Y una mujer que contemplaba todo desde una ventana de la sala de visitas que daba al patio.

A esa misma hora Franco y Carmen rezaban delante del brazo de Santa Teresa, que estaba de nuevo en su dormitorio. Cuando terminaron, Carmen le preguntó a Franco si quería café para desayunar.

–¿Con leche? –preguntó ella.

–Sí, con leche. Gracias.

Grazalema

ⓘ **Grazalema** ist eines der „weißen Dörfer", das sich in der Provinz Cádiz, in Andalusien befindet. Die Legende von José María Hinojosa alias **„El Tempranillo"**, der Bandit von Grazalema, der im 19. Jahrhundert die Reichen ausraubte und den Armen half, ist noch heute in Spanien populär. Sie wird jedes Jahr im Herbst im Rahmen eines Festes in Grazalema und seinen Nachbardörfern aufs Neue zum Leben erweckt.

Plötzlich öffnete sich die Zellentür, zwei Wächter traten ein und hoben Mario und Chema gewaltsam aus dem Bett.

»Was ist denn los?«, schrie Mario.

»Steht sofort auf! Wir haben den Befehl, euch ein paar schöne Diademe aufzusetzen.«

»Nein, bitte nicht!«, fing Chema an zu schreien.

Währen Mario den Wächtern folgte, mussten mehrere kommen, um Chema hinauszuschleifen. Auf dem Gefängnishof stand die Garrotte für ihre Hinrichtung bereit.

Dort war niemand außer den vier Wächtern und dem Henker. Und einer Frau, die alles von einem Fenster im Besucherraum mit Blick auf den Innenhof beobachtete.

Genau zu dieser Zeit beteten Franco und Carmen vor dem Arm der Heiligen Teresa, der sich wieder in ihrem Schlafzimmer befand. Als sie fertig waren, fragte Carmen Franco, ob er Kaffee zum Frühstück wolle.

»Mit Milch?«, fragte sie.

»Ja, mit Milch. Danke.«

Copla

ⓘ Die **Copla** ist ein Genre der spanischen Volksmusik, das hauptsächlich vom Flamenco beeinflusst ist und ein Liebesdrama erzählt. Während die **Copla** sich in den 1920er Jahren in Spanien in einem gesellschaftlichen Klima der Freiheit entwickelte, machte die Diktatur sich das Genre als Symbol der nationalen Identität zu eigen.

Maquis

ⓘ **Maquis** bezeichnet eine Gruppe von Menschen, die nach der Niederlage der Republik im Spanischen Bürgerkrieg aus Angst vor der Repression des Franco-Regimes in die Berge flüchteten. Von dort aus führten sie als Widerstandsgruppe den Kampf gegen das Franco-Regime im Untergrund weiter.

***Der Spanische Bürgerkrieg*, la Guerra, Civil**, fand von 1936 bis 1939 zwischen Republikanern und Nationalisten statt, die von General Francisco Franco angeführt wurden. Der Krieg wurde durch innere Unruhen aufgrund der wirtschaftlichen, politischen und sozialen Lage des Landes ausgelöst. Nach dem Sieg der Nationalisten begann in Spanien eine Diktatur, die bis 1977 andauerte.

Die spanische Diktatur unter General Franco war, im Unterschied zu anderen zeitgenössischen Diktaturen, weniger von einer Ideologie, sondern eher von Francos Person geprägt. Während seines Regimes gab es keine Verfassung, sondern nur einige von ihm erlassene Grundgesetze. Auch arbeitete er eng mit der katholischen Kirche im Rahmen des sogenannten **nacional-catolicismo** zusammen. Ab 1937 gab es in Spanien nur noch eine Staatspartei, die **FET y de las JONS**, deren Parteichef Franco war. Angeblich verehrte der Diktator die Reliquie der »unverwesten Hand« der heiligen Teresa von Ávila im silbernen Handschuh und bewahrte sie bei sich im Pardo-Palast nordwestlich von Madrid auf.

3. Ciento cuarenta

Hundertvierzig

3

El sonido del timbre la despierta. María mira los números fluorescentes del despertador. Son las dos de la mañana. De nuevo lo mismo. Desde hace unas noches alguien llama al timbre de la calle. Se levanta y va hacia el telefonillo.

–¿Quién es?

Escucha el sonido de la noche en Gijón: algún coche, unos pasos a lo lejos, dos personas que pasan y comentan algo del frío que hace... Cuando va a colgar, le parece que oye algo extraño. Una persona que llora. Repite de nuevo:

–¿Quién es?

Una voz parece decir algo y luego solamente oye el sonido de alguien que se va corriendo.

Al día siguiente por la mañana en la pausa del trabajo toma una **leche merengada** ⓘ con su compañero Paco en un café del centro.

–¿Quién puede ser? Dices que es la cuarta vez que pasa.

–Sí, pero esta vez fue diferente. Creo que esta vez la persona llora y dice algo. Quizás estoy loca, pero creo que dice “Gonzalo Cuétara”.

–¿Gonzalo Cuétara?

–Sí. Es el nombre de mi primer novio. Hace años que no sé nada de él. Pero es absurdo.

–¿Por qué no lo buscas en internet?

–No sé si tengo ganas. Nuestra relación no es el mejor recuerdo de mi vida.

Das Läuten der Klingel weckt sie auf. María schaut auf die leuchtenden Ziffern des Weckers. Es ist zwei Uhr morgens. Schon wieder dasselbe. Seit einigen Nächten klingelt jemand an der Straßentür. Sie steht auf und geht zur Sprechanlage.

»Wer ist da?«

Sie lauscht den Geräuschen der Nacht in Gijón: ein Auto, Schritte in der Ferne, zwei Menschen, die vorbeigehen und etwas darüber sagen, wie kalt es ist … Als sie auflegen möchte, glaubt sie etwas Seltsames zu hören. Eine Person, die weint. Sie fragt erneut:

»Wer ist da?«

Eine Stimme scheint etwas zu sagen, und danach hört sie nur, wie jemand wegrennt.

Am nächsten Morgen trinkt sie während der Arbeitspause mit ihrem Kollegen Paco in einem Café im Stadtzentrum eine *Leche Merengada*.

»Wer kann das sein? Du sagst, es ist das vierte Mal, dass das passiert.«

»Ja, aber diesmal war es anders. Ich glaube, diesmal hat die Person geweint und etwas gesagt. Vielleicht bin ich verrückt, aber ich glaube, sie sagt „Gonzalo Cuétara".«

»Gonzalo Cuétara?«

»Ja. Das ist der Name meines ersten Freundes. Ich habe seit vielen Jahren nichts mehr von ihm gehört. Aber das ist absurd.«

»Warum suchst du ihn nicht im Internet?«

»Ich weiß nicht, ob ich dazu Lust habe. Unsere Beziehung hat mir nicht die beste Erinnerung meines Lebens beschert.«

Cuando llegan al trabajo, los dos se ponen a buscar en internet “Gonzalo Cuétara Millares”. No hay ningún resultado en los buscadores. Intentan en Facebook y Tuenti sin éxito. Pero cuando lo buscan en Twitter, aparece su nombre. Abren el perfil y María se pone pálida: La foto de perfil es una foto de los timbres de su puerta y la cuenta tiene solamente un tweet: “María, no mereces vivir. Todo en la vida tiene un precio. Ojo por ojo. Por eso te voy a matar. Estoy cerca. Muy cerca.”

–¡Dios mío! –exclama Paco– Tenemos que llamar a la policía inmediatamente.

Cuando la policía llega, María les muestra el mensaje de Twitter y les cuenta también lo de las llamadas por la noche a su puerta. La policía le dice que va a vigilar su casa. Cuando se van, María le pregunta a Paco si puede ir a dormir a su casa porque está asustada. Paco acepta inmediatamente. En el camino María le habla de la relación con Gonzalo. Lo recuerda como una persona con muchos problemas, con cambios muy radicales de humor, de la euforia a la depresión. Pero también recuerda las tardes al sol en el jardín de su casa, tomando helado y escuchando música de Silvio Rodríguez. Recuerda al chico de ojos azules y pelo negro, tan guapo y difícil, y le parece imposible recibir daño de él.

Als sie bei der Arbeit ankommen, fangen sie beide an, im Internet nach „Gonzalo Cuétara Millares“ zu suchen. In den Suchmaschinen gibt es keine Treffer. Sie versuchen es bei Facebook und Tuenti, ohne Erfolg. Aber als sie ihn bei Twitter suchen, erscheint sein Name. Sie öffnen das Profil und María erblasst: Das Profilbild ist ein Foto der Klingeln an ihrer Tür und der Account hat nur einen Tweet: » María, du verdienst es nicht, zu leben. Alles im Leben hat seinen Preis. Auge um Auge. Daher werde ich dich umbringen. Ich bin nah. Ganz nah.«

»Mein Gott!«, schreit Paco. »Wir müssen sofort die Polizei rufen.«

Als die Polizei ankommt, zeigt María ihnen die Nachricht auf Twitter und erzählt ihnen auch von dem nächtlichen Klingeln an ihrer Tür. Die Polizei sagt ihr, dass sie ihr Haus überwachen werden. Als sie gehen, fragt María Paco, ob sie bei ihm zu Hause schlafen kann, da sie Angst hat. Paco sagt sofort ja. Auf dem Weg erzählt María ihm von ihrer Beziehung mit Gonzalo. Sie hat ihn als einen Menschen mit sehr vielen Problemen in Erinnerung, mit sehr starken Gemütsschwankungen, von Euphorie zur Depression. Aber sie erinnert sich auch an die Nachmittage in der Sonne im Garten seines Hauses, wie sie Eis essen und Musik von Silvio Rodríguez hören. Sie erinnert sich an den blauäugigen, schwarzhaarigen jungen Mann, der so gut aussah und so schwierig war, und es erscheint ihr unmöglich, dass er ihr weh tun könnte.

La inspectora Kena Castro es muy escéptica con este caso. Las amenazas por internet son muy frecuentes y normalmente quedan en nada. Al final significan solo trabajo inútil y pérdida de tiempo. Pasa un informe al departamento de crímenes cibernéticos y empieza a buscar informaciones sobre Gonzalo Cuétara. No hay ningún delito. Pero... ¡está muerto! En el Registro Civil aparece la fecha de la muerte: 1 de enero de 2016. Hace un mes. Estado civil: casado. Hijos: Ninguno. Dirección: Calle San Miguel s/n. Tazones.

Tazones es un pequeñísimo pueblo en la costa, a unos treinta kilómetros de Gijón. Es invierno, llueve y hace mucho viento. Las olas son muy altas. Después de almorzar en un bar del puerto, va a la casa de Gonzalo. Es difícil caminar bajo la lluvia y se pregunta quién puede vivir en un sitio así. Finalmente, allí está: una casa pequeña, de dos plantas y un pequeño jardín a un lado con un par de flores muertas. Una mujer morena y baja, de unos treinta años abre la puerta, una mujer como la casa: triste y sin vida.

–¿Sí?

–Soy la inspectora Kena Castro. ¿Le importa si le hago unas preguntas sobre su marido?

Die Inspektorin Kena Castro betrachtet diesen Fall mit großer Skepsis. Drohungen im Internet sind etwas sehr Häufiges und verlaufen normalerweise im Sande. Am Ende bedeuten sie nur unnötige Arbeit und Zeitverschwendung. Sie leitet einen Bericht an die Abteilung für Cyberkriminalität weiter und fängt an, nach Informationen über Gonzalo Cuétara zu suchen. Es gibt keine Straftat. Aber … er ist tot! Im Personenstandsregister erscheint der Todestag: der 1. Januar 2016. Vor einem Monat. Familienstand: verheiratet. Kinder: keine. Adresse: *Calle San Miguel* o. N. in Tazones.

Tazones ist ein sehr kleines Dorf an der Küste, ca. dreißig Kilometer von Gijón entfernt. Es ist Winter, es regnet und es ist sehr windig. Die Wellen sind sehr hoch. Nachdem sie in einer Bar am Hafen etwas gegessen hat, geht sie zu Gonzalos Haus. Es ist schwierig, im Regen zu laufen, und sie fragt sich, wer an einem solchen Ort leben kann. Schließlich findet sie es: ein kleines Haus mit zwei Stockwerken und einem kleinen, seitlichen Garten mit ein paar toten Blumen. Eine kleine, dunkelhaarige, ungefähr dreißigjährige Frau, öffnet die Tür, eine Frau wie das Haus: traurig und leblos.

»Ja?«

»Ich bin die Inspektorin Kena Castro. Macht es Ihnen etwas aus, wenn ich Ihnen ein paar Fragen über Ihren Mann stelle?«

Una cocina se transforma en un lugar diferente, cuando huele a café recién hecho. Incluso la mujer, Carmen, le parece más viva y menos triste. Le habla de su marido y de la causa de la muerte: suicidio después de un año de depresión. Dice que ahora está pensando en vender la casa e irse a otro lugar. Si se queda en Tazones, el recuerdo va a estar siempre ahí, el recuerdo de Gonzalo, tan extremo, a veces eufórico, a veces tan negativo, pero también el recuerdo de sus ojos azules y su pelo negro, tan guapo y difícil, y de las tardes escuchando canciones de Silvio Rodríguez. Cuando sale de la casa, ya no llueve. Mira de nuevo a Carmen. Le inspira instintos de protegerla.

–Gracias por su tiempo, Carmen. Y por el café perfecto.

La vida de María pasa tranquilamente en el piso de Paco. La inspectora Kena Castro la informa de la muerte de Gonzalo y de que la cuenta de Twitter, escrita desde un cibercafé de Gijón, ya está cerrada. Después de un mes María decide volver a su casa porque piensa que el asunto está cerrado. Sin embargo, cuando se lo dice a Paco, este reacciona mal.

–¿Y si el asesino vuelve? ¿No crees que estás más segura aquí?

–No, no lo creo. Creo que ya está todo terminado y que la vida sigue.

–Pero puedes seguir aquí. Conmigo. Como una familia. Yo… yo… te amo.

Eine Küche verwandelt sich in einen anderen Ort, wenn sie nach frisch gebrühtem Kaffee riecht. Sogar die Frau, Carmen, erscheint ihr nun lebendiger und weniger traurig. Sie erzählt ihr von ihrem Mann und der Todesursache: Selbstmord nach einem Jahr Despression. Sie sagt, dass sie nun darüber nachdenkt, das Haus zu verkaufen und woanders hinzuziehen. Wenn sie in Tazones bleibt, wird die Erinnerung immer dort sein, die Erinnerung an Gonzalo, so extrem, manchmal euphorisch, manchmal so negativ, aber auch die Erinnerung an seine blauen Augen und sein schwarzes Haar, so attraktiv und schwierig, und an die Nachmittage, an denen sie Lieder von Silvio Rodríguez hörten. Als sie aus dem Haus geht, regnet es nicht mehr. Sie schaut Carmen noch einmal an. Sie weckt in ihr den Instinkt, sie zu beschützen.

»Vielen Dank, dass Sie sich die Zeit genommen haben, Carmen. Und für den perfekten Kaffee.«

María lebt in Ruhe in der Wohnung von Paco. Die Inspektorin Kena Castro informiert sie über Gonzalos Tod und darüber, dass der Twitter-Account, erstellt aus einem Internetcafé in Gijón, bereits geschlossen ist. Nach einem Monat entscheidet sich María, nach Hause zurückzukehren, da sie denkt, dass der Fall abgeschlossen ist. Aber als sie es Paco sagt, reagiert dieser empfindlich.

»Und wenn der Mörder wieder auftaucht? Glaubst du nicht, dass du hier sicherer bist?«

»Nein, das glaube ich nicht. Ich glaube, dass alles nun vorbei ist und dass das Leben weitergeht.«

»Aber du kannst weiter hierbleiben. Mit mir. Wie eine Familie. Ich … ich … liebe dich.«

María está muy sorprendida.

–Lo lamento, pero yo no siento lo mismo.

Paco tiene lágrimas en los ojos. María empieza a recoger sus cosas.

–Creo que es mejor si me voy ya ahora.

Él sale de la casa y la deja sola.

Esa noche ya en su casa el sonido del timbre la despierta de nuevo. María mira los números fluorescentes del despertador. Otra vez las dos de la mañana. Su corazón va muy rápido. Antes de responder, mira por la ventana. Abajo, en la puerta de su casa, hay una figura oculta por un paraguas.

–Pero si no llueve...

Toma el telefonillo.

–¿Quién es?

Solamente escucha algún coche que pasa. Pero entonces oye cómo la puerta se abre y alguien dice: "Buenas noches". María corre a la ventana y ve al vecino del sexto que sale de la casa y ¡la persona del paraguas entra en el portal! No sabe qué hacer. Piensa en llamar a la policía, pero prefiere salir corriendo. Se viste rápidamente, toma el bolso y abre lentamente la puerta del piso. No hay nadie en el descansillo. Corre al ascensor y presiona el botón del garaje porque solo pueden acceder personas del edificio, así que la figura del paraguas no puede estar allí.

María ist sehr überrascht.

»Es tut mir leid, aber ich empfinde nicht dasselbe.«

Paco hat Tränen in den Augen. María fängt an, ihre Sachen zu packen.

»Ich glaube, es ist besser, wenn ich jetzt schon gehe.«

Er verlässt das Haus und lässt sie allein.

In dieser Nacht, wieder zu Hause, weckt das Läuten der Klingel sie erneut. María schaut auf die leuchtenden Ziffern ihres Weckers. Schon wieder zwei Uhr morgens. Ihr Herz schlägt sehr schnell. Bevor sie an die Sprechanlage geht, schaut sie aus dem Fenster. Unten, an der Tür ihres Hauses, steht eine dunkle Gestalt, versteckt unter einem Regenschirm.

»Aber es regnet doch nicht …«

Sie greift zum Telefon der Sprechanlage.

»Wer ist da?«

Sie hört nur ein Auto, das vorbeifährt. Aber dann hört sie, wie die Tür aufgeht und jemand »Guten Abend«, sagt. María rennt zum Fenster und sieht, wie der Nachbar aus dem Sechsten aus dem Haus geht und die Gestalt mit dem Regenschirm durch die Tür geht! Sie weiß nicht, was sie tun soll. Sie überlegt, die Polizei zu rufen, aber sie zieht es vor, hinauszulaufen. Sie zieht sich schnell an, nimmt ihre Tasche und öffnet langsam die Wohnungstür. Auf dem Treppenabsatz ist niemand. Sie rennt zum Fahrstuhl, drückt den Knopf zur Tiefgarage, da nur Personen aus dem Gebäude dort Zugang haben, sodass die Gestalt mit dem Regenschirm nicht dort sein kann.

Y así es, en el garaje solamente hay un par de coches y ella sale desde allí a la calle, una calle medio vacía donde, sin embargo, se siente más segura porque tiene la perspectiva de todo a su alrededor. Finalmente llega al paseo de la playa de San Lorenzo, donde siempre hay más personas a cualquier hora y algún policía. Poco a poco hay más gente, se siente más segura, así que decide caminar un par de horas más y, después, ir a la comisaría. Llega al final del paseo y sube por el cerro de Santa Catalina hasta el Elogio del Horizonte de **Chillida** ⓘ. Le gusta ese lugar, especialmente el punto exacto debajo del arco en el que desaparece el sonido del tráfico y uno solamente escucha el mar y ve el horizonte. Respira profundamente. Solamente escucha y ve el mar. Se siente relajada, sin miedo.

Cuando la inspectora Kena Castro abre su correo electrónico, tiene un mail que la informa de un mensaje directo de Twitter. Viene de una nueva cuenta de Gonzalo Cuétara Millares, pero esta vez la foto de perfil es el Elogio del Horizonte con el cuerpo de una mujer en el punto donde uno solo ve y escucha el mar.

"La causa del suicidio de Gonzalo es esta mujer que no puede olvidar. Solo hay 1 unicornio azul, como canta Silvio."

Cuando la inspectora llega con una patrulla a Tazones, no hay nadie en la casa. Sobre la mesa de la cocina hay un paquete de café con una nota: "Para Kena, por la buena conversación en una tarde de lluvia."

Und so ist es, in der Garage sind nur einige Autos, und sie geht von dort aus hinaus auf die Straße, eine halbleere Straße, auf der sie sich dennoch sicherer fühlt, da sie alles um sich herum im Blick hat. Schließlich kommt sie an der Strandpromenade von San Lorenzo an, wo zu jeder Zeit Leute unterwegs sind und der eine oder andere Polizist. Nach und nach tauchen mehr Menschen auf, sie fühlt sich sicherer, so dass sie sich entscheidet, noch ein paar Stunden länger herumzulaufen und danach zur Polizeiwache zu gehen. Sie kommt am Ende der Promenade an und steigt auf den Hügel von Santa Catalina hinauf bis zur Skulptur des *Elogio del Horizonte* von Chillida. Sie mag diesen Ort, vor allem genau die Stelle unter dem Bogen, wo der Lärm des Verkehrs verschwindet und man nur das Meer hört und den Horizont sieht. Sie atmet tief durch. Sie hört und sieht nur das Meer. Sie ist entspannt, hat keine Angst.

Als die Inspektorin Kena Castro ihre E-Mails öffnet, hat sie eine E-Mail, die sie über eine Direktnachricht bei Twitter informiert. Sie kommt von einem neuen Account von Gonzalo Cuétara Millares, aber diesmal ist das Profilbild der *Elogio del Horizonte* und der tote Körper einer Frau, an der Stelle, wo man nur das Meer sieht und hört.

»Der Grund für den Selbstmord von Gonzalo ist diese Frau, die er nicht vergessen kann. Es gibt nur *ein* blaues Einhorn, wie Silvio singt.«

Als die Inspektorin mit einer Polizeistreife in Tazones ankommt, ist niemand zu Hause. Auf dem Küchentisch steht eine Kaffeepackung mit einem Zettel: »Für Kena, für die nette Unterhaltung an einem verregneten Nachmittag.«

Die am Kantabrischen Meer gelegene Stadt **Gijón** ist die größte Stadt in Asturien und auch als Hauptstadt der **Costa Verde** bekannt. In der Altstadt befindet sich das einstige Fischerviertel **Cimadevilla** sowie der Hügel von **Santa Catalina**, auf dem sich die ersten Siedler niederließen. Am Rande einer Klippe steht auf dem Hügel die Skulptur **„Elogio del Horizonte"** (**„*Lob des Horizonts*"**) von Eduardo Chillida, ein Wahrzeichen von **Gijón**. Die Skulptur besteht aus zwei Pfeilern, die als Stütze für eine offene Ellipse dienen und ein offenes Dach bilden. Es heißt, dass man, wenn man im Innern der Skulptur steht, vom Klang der Wellen, die sich an den Felsen brechen, komplett eingehüllt wird. Der über 1.500 Meter lange Strand **Playa de San Lorenzo** erstreckt sich zwischen der Altstadt und der Mündung des Flusses **Piles**.

Leche merengada

ⓘ **Leche merengada** ist ein traditionelles spanisches Milchgetränk, das seinen Ursprung in Valencia hat und vor allem in den Sommermonaten getrunken wird. Es wird aus Eiweiß, Zucker, Milch und Zimt hergestellt.

Eduardo Chillida

ⓘ **Eduardo Chillida** (1924 - 2002) war ein baskischer Bildhauer und Zeichner. Besonders bekannt ist er für seine überdimensionalen Skulpturen, in denen die homogene Materialität, sowie die Unterteilung in Figurenformen auffallen. Vor dem Bundeskanzleramt in Berlin befindet sich seine Plastik mit dem Titel „Berlin".

4. Dinamita

Dynamit

4

–¡Guapa!

Unos obreros le gritan desde un andamio del viejo edificio Goldindex como cada día antes de entrar en el edificio donde está su oficina. Silvia camina segura en sus zapatos de tacón y su vestido rojo. Pero cuando abre la puerta de su trabajo, toda su seguridad desaparece.

–Buenos días, Silvia –le dice su jefe–. Le he dejado encima de la mesa el informe. Debe completarlo.

–Sí, señor –responde Silvia– ahora mismo lo hago.

No puede controlar su cuerpo ni su voz, que tiemblan como un flan, y se queda hipnotizada viendo cómo el jefe va a su oficina y cierra la puerta, hipnotizada por su espalda, por el color de su pelo, la forma de las orejas, los músculos de sus brazos… Entonces empieza a soñar con los ojos abiertos y se imagina que bailan a la luz del atardecer en una playa del Caribe y…

–¿Qué vas a hacer esta Nochevieja?

Su compañera Claudia la interrumpe en sus imaginaciones.

–No sé, supongo que voy a ir a alguna fiesta… ¿Y tú?

Claudia empieza a hablar. Es un problema, si le das un poco de espacio, puedes perder media mañana escuchando sus historias.

»Hübsche!«

Ein paar Bauarbeiter rufen ihr vom Gerüst des alten Goldindex-Gebäudes zu, wie sie es jeden Tag tun, bevor sie das Gebäude betritt, in dem sich ihr Büro befindet. Silvia läuft selbstsicher auf ihren High Heels und in ihrem roten Kleid. Aber als sie die Tür zu ihrer Arbeit öffnet, schwindet ihre ganze Sicherheit dahin.

»Guten Morgen, Silvia«, sagt ihr Chef. »Ich habe Ihnen den Bericht auf den Schreibtisch gelegt. Sie müssen ihn fertigstellen.«

»Ja, Señor«, antwortet Silvia, »ich erledige das sofort.«

Sie kann weder ihren Körper noch ihre Stimme kontrollieren, die zittern wie Wackelpudding, und ist fasziniert davon, wie ihr Chef zu seinem Büro geht und die Tür schließt, fasziniert von seinem Rücken, von der Farbe seines Haars, der Form seiner Ohren, den Muskeln an seinen Armen … Dann beginnt sie, mit offenen Augen zu träumen, und stellt sich vor, wie sie im Abendlicht an einem karibischen Strand tanzen und …

»Was machst du an Silvester?«

Ihre Kollegin Claudia unterbricht sie in ihren Träumereien.

»Ich weiß nicht, ich schätze, ich gehe auf irgendeine Party … Und du?«

Claudia fängt an zu reden. Das ist ein Problem, wenn man ihr etwas Freiraum lässt, kann man einen halben Vormittag damit verbringen, ihren Geschichten zuzuhören.

–... como a medianoche van a dinamitar el edificio Goldindex voy a estar con amigos en la terraza del hotel Pritz para verlo... ¿por qué no vienes? Mis amigos son muy simpáticos, y después...

Silvia empieza a completar el informe tal como le ha pedido el jefe. Cuando lo tiene terminado, va a su oficina para entregárselo. El jefe toma los documentos sin mirarla.

–Gracias, Silvia.

Silvia no puede dejar de mirar las fotos que el jefe tiene sobre la mesa: su mujer Beatriz y sus dos hijos. Silvia sale de la oficina con el corazón roto y una idea oscura y todavía sin forma en la cabeza.

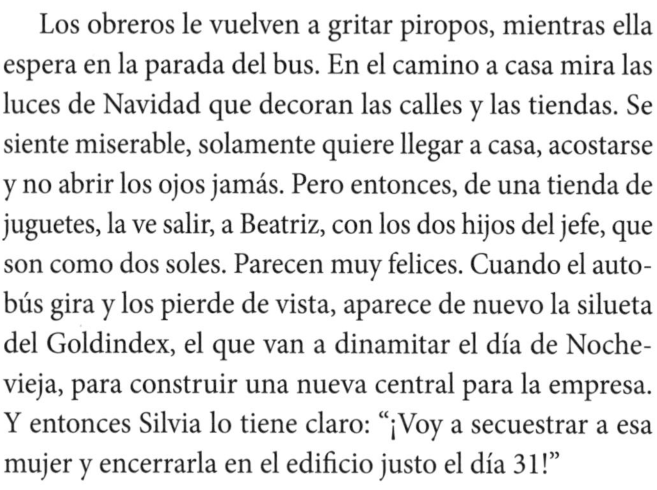

Los obreros le vuelven a gritar piropos, mientras ella espera en la parada del bus. En el camino a casa mira las luces de Navidad que decoran las calles y las tiendas. Se siente miserable, solamente quiere llegar a casa, acostarse y no abrir los ojos jamás. Pero entonces, de una tienda de juguetes, la ve salir, a Beatriz, con los dos hijos del jefe, que son como dos soles. Parecen muy felices. Cuando el autobús gira y los pierde de vista, aparece de nuevo la silueta del Goldindex, el que van a dinamitar el día de Nochevieja, para construir una nueva central para la empresa. Y entonces Silvia lo tiene claro: "¡Voy a secuestrar a esa mujer y encerrarla en el edificio justo el día 31!"

»… da sie um Mitternacht das Gebäude Goldindex in die Luft sprengen, werde ich mit Freunden auf der Terrasse des Hotels Pritz sein, um es zu sehen … Warum kommst du nicht auch? Meine Freunde sind sehr sympathisch, und danach …«

Silvia fängt an, wie vom Chef verlangt, den Bericht fertigzustellen. Als sie ihn fertig hat, geht sie zu seinem Büro, um ihn ihm zu geben. Der Chef nimmt die Dokumente entgegen, ohne sie anzuschauen.

»Danke, Silvia.«

Silvia kann nicht aufhören, die Fotos, die der Chef auf seinem Tisch stehen hat, anzuschauen: seine Frau Beatriz und seine zwei Kinder. Sie verlässt das Büro mit gebrochenem Herzen und einer dunklen, noch unfertigen Idee in ihrem Kopf.

Die Bauarbeiter rufen ihr wieder Komplimente zu, während sie an der Bushaltestelle wartet. Auf dem Weg nach Hause schaut sie zu den Weihnachtslichtern, die die Straßen und Läden schmücken. Sie fühlt sich elendig, möchte nur noch zu Hause ankommen, sich hinlegen und die Augen nie wieder öffnen. Aber dann sieht sie Beatriz aus einem Spielzeugladen hinausgehen, mit den beiden Kindern des Chefs, die zwei richtige Sonnenscheine sind. Sie wirken sehr glücklich. Als der Bus abbiegt und sie sie aus den Augen verliert, taucht erneut die Silhouette des Goldindex auf, die sie an Silvester in die Luft sprengen werden, um eine neue Hauptstelle für das Unternehmen zu errichten. Und dann ist es Silvia ganz klar: »Ich werde diese Frau entführen und sie genau am 31. in dem Gebäude einschließen!«

Al día siguiente, **día de los Santos Inocentes** ⓘ, espera a uno de los obreros del Goldindex. El obrero se pone muy nervioso cuando Silvia va hacia él.

–Hola guapito. He pensado que quizás te apetece tomar una copa conmigo.

Van a varios locales y no son ni una ni dos copas, sino al final diez, hasta que el chico está tan borracho que se queda dormido en un banco de un parque y Silvia le roba el juego de llaves que lleva con él.

–Gracias, cariño, felices sueños.

Silvia llama al día siguiente al trabajo y dice que no puede ir porque está enferma. Después se pone un sombrero, gafas de sol y un abrigo negro. Su proyecto es seguir a la mujer del jefe, estudiar su rutina y elegir el mejor momento para secuestrarla. Ve cómo sale de casa con los niños y los deja en una academia de artes marciales. Después va a un centro comercial, hace un par de compras y al final se sienta en una cafetería del centro comercial. Silvia la observa desde detrás de una columna. ¡La mujer está llorando! Finalmente, sale del centro comercial y camina por la calle. En un momento se para ante una discoteca. Hay un cartel sobre la puerta con la foto de una mujer despampanante que lleva solamente una camisa mojada: "Miss Domingas. Hoy en Disco Galaxy". Después de estar unos minutos mirando el cartel, la mujer sigue hasta la academia de artes marciales. Los niños ya la esperan en la puerta.

Am nächsten Tag, dem Tag der „Santos Inocentes", wartet sie auf einen der Bauarbeiter des Goldindex. Dieser wird sehr nervös, als Silvia auf ihn zugeht.

»Hallo Süßer. Ich habe gedacht, du hast vielleicht Lust, mit mir etwas trinken zu gehen.«

Sie gehen in mehrere Lokale und es werden zum Schluss nicht nur ein oder zwei Gläser, sondern zehn, bis der junge Mann so betrunken ist, dass er auf einer Parkbank einschläft und Silvia ihm den Schlüsselbund stiehlt, den er bei sich hat.

»Vielen Dank, Liebster, träum schön.«

Silvia ruft am nächsten Tag bei ihrer Arbeit an und sagt, dass sie nicht kommen könne, weil sie krank sei. Anschließend zieht sie einen Hut, eine Sonnenbrille und einen schwarzen Mantel an. Ihr Plan ist es, der Frau des Chefs zu folgen, ihren Tagesablauf zu studieren und den besten Zeitpunkt zu wählen, um sie zu entführen. Sie sieht, wie sie mit den Kindern aus dem Haus geht und sie in eine Kampfsportschule bringt. Danach geht sie in ein Einkaufszentrum, macht ein paar Einkäufe und setzt sich am Ende in ein Café des Einkaufszentrums. Silvia beobachtet sie hinter einer Säule. Die Frau weint! Schließlich verlässt sie das Einkaufszentrum und geht die Straße entlang. Irgendwann bleibt sie vor einer Diskothek stehen. Über der Tür hängt ein Plakat mit dem Foto einer atemberaubenden Frau, die nur ein nasses T-Shirt trägt: „Miss Domingas. Heute in der Disko Galaxy." Nachdem sie sich das Plakat einige Minuten lang angeschaut hat, geht sie weiter bis zur Kampfsportschule. Die Kinder warten bereits an der Tür auf sie.

Silvia está segura de que la mujer va a ir por la noche a ese espectáculo. La puerta de la discoteca está llena de hombres de todas las edades, algunos parecen formar parte de despedidas de soltero. ¡Y allí está ella! Parece que es la única mujer. Silvia sigue con su sombrero y sus gafas de sol, aunque ya es de noche y la gente la mira de forma rara; corre a la taquilla y compra una entrada. Cuando está dentro, se sienta cerca de la mujer. El ambiente es muy alegre, hay música de Los del Río y algunos hombres se suben a las mesas a cantar y bailar "Macarena", hasta que sale un hombre al escenario y anuncia:

–¡Señores!¡Con todos ustedes: Miss Domingas!

El local parece que se va a desintegrar con los gritos de los hombres. Silvia no está impresionada por Miss Domingas, pero sí por la mujer del jefe, que permanece con la cara fija en la Miss. ¡Y entonces abre el bolso y Silvia ve cómo saca una pistola! Silvia reacciona muy rápido, se lanza sobre ella y le quita la pistola.

–Pero ¿estás loca?

Nadie se ha dado cuenta de lo que ha pasado. Toda la atención está en el escenario. La mujer empieza a llorar.

–Estoy desesperada –dice– Estoy dispuesta a hacer cualquier locura.

–Pero ¿por qué? ¿Qué ocurre?

–Mi marido está liado con ella…

Silvia ist sich sicher, dass die Frau am Abend zu dieser Show gehen wird. Die Tür der Diskothek ist voll mit Männern jeden Alters, manche scheinen Teil eines Junggesellenabschieds zu sein. Und dort ist sie! Sie scheint die einzige Frau zu sein. Silvia trägt weiterhin ihren Hut und ihre Sonnenbrille, obwohl es schon Nacht ist und die Leute sie verwundert anschauen; sie läuft zur Kasse und kauft eine Eintrittskarte. Als sie drinnen ist, setzt sie sich in die Nähe der Frau. Die Stimmung ist sehr fröhlich, es läuft Musik von Los del Río und einige Männer steigen auf die Tische, um „Macarena" zu singen und zu tanzen, bis ein Mann auf die Bühne geht und eine Ansage macht:

»Meine Herren! Für Sie alle: Miss Domingas!«

Es scheint, als würde das Lokal unter den Schreien der Männer zusammenbrechen. Silvia ist von Miss Domingas nicht beeindruckt, wohl aber von der Frau des Chefs, deren Gesicht auf Miss Domingas fixiert ist. Und dann öffnet sie die Tasche und Silvia sieht, wie sie eine Pistole herausholt! Silvia reagiert sehr schnell, wirft sich auf sie und nimmt ihr die Pistole weg.

»Sind Sie denn verrückt?«

Niemand hat bemerkt, was passiert ist. Die gesamte Aufmerksamkeit ist auf die Bühne gerichtet. Die Frau fängt an, zu weinen.

»Ich bin verzweifelt«, sagt sie. »Ich bin bereit, alles mögliche Verrückte zu tun.«

»Aber warum? Was ist los?«

»Mein Mann hat eine Affäre mit ihr …«

Silvia siente que el mundo se detiene en ese momento. De pronto se siente próxima a esa mujer, se identifica con ella porque el dolor que está sufriendo es el mismo que sufre ella.

–Es mejor salir de aquí –le dice Silvia.

Las dos salen juntas de la discoteca y caminan a un café cercano. Beatriz le cuenta la historia de cómo ha descubierto la relación de su marido, le enseña en el móvil fotos que ha obtenido por un detective privado, mensajes y conversaciones de teléfono. En ellas se oye cómo él le dice a Miss Domingas que está sobornando al abogado de Beatriz para así lograr la custodia de los niños en el divorcio. Hay planes de vida juntos y promesas de amor eterno. Silvia le dice que no quiere escuchar más. De un bar sale un grupo de personas cantando "Campana sobre campana". Todos parecen felices, excepto ellas dos.

Son las 11.55 de la noche del 31 de diciembre. Aunque normalmente ve las campanadas desde Puerta del Sol en televisión con su familia, esta vez hace como todos en la ciudad: están en las calles, plazas, terrazas y azoteas para ver la detonación del edificio Goldindex justo a las doce de la noche. Un láser dibuja en la fachada del edificio la cuenta atrás. Todos comen sus uvas con cada segundo menos: ...cuatro...tres...dos...uno...¡BOOOOOOOOM! La explosión hace temblar la ciudad y el edificio empieza a caer entre nubes de polvo y coros de gente gritando.

Für Silvia fühlt es sich an, als ob die Erde in diesem Moment stehenbleibt. Plötzlich fühlt sie sich dieser Frau nahe, sie identifiziert sich mit ihr, da der Schmerz, den sie erleidet, der gleiche ist wie der, den sie selbst erlebt.

»Es ist besser, hier rauszugehen«, sagt Silvia zu ihr.

Beide verlassen gemeinsam die Diskothek und gehen zu einem Café in der Nähe. Beatriz erzählt ihr die Geschichte, wie sie die Affäre ihres Mannes entdeckt hat, sie zeigt ihr Fotos auf dem Handy, die sie von einem Privatdetektiv erhalten hat, sowie Telefonnachrichten und -gespräche. In ihnen ist zu hören, wie er zu Miss Domingas sagt, dass er dabei ist, den Rechtsanwalt von Beatriz zu bestechen, um so bei der Scheidung das Sorgerecht für die Kinder zu erhalten. Es gibt gemeinsame Lebenspläne und Versprechen ewiger Liebe. Silvia sagt ihr, dass sie nichts mehr davon hören möchte. Aus einer Bar kommt eine Gruppe von Leuten, die das Weihnachtslied »Glocken über Glocken« singen. Alle scheinen glücklich, bis auf die beiden.

Es ist 23:55 Uhr in der Nacht des 31. Dezember. Obwohl sie sich das Läuten der Glocken von Puerta del Sol normalerweise mit ihrer Familie im Fernsehen anschaut, macht sie es diesmal wie alle in der Stadt: sie sind auf den Straßen, den Plätzen, Terrassen und Dachterrassen, um die Sprengung des Goldindex-Gebäudes genau um Mitternacht zu sehen. Ein Laser zeichnet auf der Fassade des Gebäudes den Countdown. Alle essen ihre Weintrauben mit jeder Sekunde, die verstreicht: … vier … drei … zwei … eins … BOOOOOOOOM! Die Explosion bringt die Stadt zum Beben und das Gebäude fängt an, zwischen Staubwolken und Chören von schreienden Menschen einzustürzen.

–¡Feliz año nuevo!

Silvia brinda con su compañera Claudia en la terraza del hotel Pritz, mientras se imagina los cadáveres de Beatriz y Miss Domingas entre las ruinas del edificio dinamitado. Ahora el camino hacia su jefe está libre.

»Frohes neues Jahr!«

Silvia stößt mit ihrer Kollegin Claudia auf der Terrasse des Hotels Pritz an, während sie sich die Leichen von Beatriz und Miss Domingas zwischen den Trümmern des gesprengten Gebäudes vorstellt. Jetzt ist der Weg zu ihrem Chef frei.

Día de los Santos Inocentes

ⓘ Der Tag der **Santos Inocentes** *(„unschuldigen Heiligen")* ist eine spanische Weihnachtstradition, die am 28. Dezember gefeiert wird. An diesem Tag ist es, ähnlich wie in anderen Ländern am 1. April, erlaubt, anderen Streiche, sogenannte **inocentadas**, zu spielen, zum Beispiel, ein weißes Papiermännchen unbemerkt auf den Rücken von jemandem zu kleben. Außerdem ist es üblich, auf den Weihnachtsmärkten Scherzartikel zu kaufen.

Weihnachten ist auch in Spanien ein wichtiges Familienfest. Während die Adventszeit eher ruhig verläuft, beginnen die Weihnachtsfeiertage erst richtig mit der beliebten Weihnachtslotterie **el gordo** *(„der Dicke", das große Los)* am 22. Dezember. Seit 1812 findet sie immer in der gleichen Form statt. Die Glückszahlen werden traditionell von Kindern singend vorgetragen. Wegen der hohen Gewinnsumme gilt sie als die größte Lotterie der Welt. An ***Heiligabend***, **Nochebuena**, versammelt sich die ganze Familie zu einem Festessen. Dabei darf der **turrón**, eine Spezialität aus Mandeln, Zucker, Honig und Eiern, nicht fehlen. Die eigentliche Bescherung findet erst am 6. Januar statt.

Zu ***Silvester***, **Nochevieja**, verzehren die Spanierinnen und Spanier um Mitternacht mit jedem der zwölf Glockenschläge eine Weinbeere und wünschen sich dabei etwas. Wer es nicht rechtzeitig schafft, muss mit Unglück rechnen. In den Sektgläsern befindet sich ein goldener Ring, der ebenfalls Glück bringen soll. Damit die Liebeswünsche der Spanierinnen und Spanier in Erfüllung gehen, tragen sie an Silvester rote Unterwäsche.

5. El cuadro

Das Gemälde

5

(Plantación Trinidad, Santiago de Cuba- Agosto de 1897)

Cuando el capitán Castro entra en el salón de la familia Sarmiento, lo primero que ve es el cadáver de una joven negra bocabajo. En la espalda hay un cuchillo clavado. Se puede ver un poco de sangre en el vestido. De pie en la puerta están los señores de la plantación, Marta y Jorge.

–¿Quién es? –pregunta el capitán.

–Salma, señor, una de las criadas –responde la señora.

El capitán del regimiento español en Santiago es un hombre de unos setenta años, con mucha experiencia en la isla, pero cansado de todas las rebeliones de los criollos contra la autoridad española de los últimos tiempos. Sueña ya con el permiso del gobernador para retirarse y volver a España. A su lado está el médico de la zona, el doctor Camps, que acaba de llegar de Valencia, un muchacho muy despierto y hablador.

–Señor, también falta el cuadro –añade la señora y señala a la pared, donde se reconoce la silueta de un cuadro que ya no está. En el espacio alguien ha escrito con un carbón de la chimenea "Cuba libre de españoles".

–¿Dicen ustedes que han entrado por la ventana? –pregunta el capitán inspeccionando el cristal roto de la ventana del salón.

El capitán y el médico se miran.

(Plantage Trinidad, Santiago de Cuba – August 1897)

Als Hauptmann Castro das Wohnzimmer der Familie Sarmiento betritt, ist das Erste, was er sieht, die Leiche einer jungen, schwarzen, mit dem Gesicht nach unten liegenden Frau. In ihrem Rücken steckt ein Messer. Ein wenig Blut ist auf dem Kleid zu sehen. An der Tür stehen die Herrschaften der Plantage, Marta und Jorge.

»Wer ist das?«, fragt der Hauptmann.

»Salma, Señor, eins der Dienstmädchen«, antwortet die Frau.

Der Hauptmann des spanischen Regiments in Santiago ist ein circa siebzigjähriger Mann, mit viel Erfahrung auf der Insel, aber erschöpft von den ganzen Rebellionen der Kreolen gegen die spanische Obrigkeit in der letzten Zeit. Er träumt bereits von der Erlaubnis des Gouverneurs, sich zurückzuziehen und nach Spanien zurückzukehren. An seiner Seite ist der Gebietsarzt, Doktor Camps, der gerade aus Valencia angekommen ist, ein sehr aufgeweckter und gesprächiger junger Mann.

»Señor, es fehlt auch das Gemälde«, fügt die Herrin hinzu und zeigt auf die Wand, an der der Umriss eines Gemäldes zu erkennen ist, das nicht mehr da ist. In den Bereich hat jemand mit einer Holzkohle aus dem Kamin „Kuba frei von Spaniern" geschrieben.

»Sie sagen, dass sie durch das Fenster hineingekommen sind?«, fragt der Hauptmann, während er das zerbrochene Glas des Wohnzimmerfensters inspiziert.

Der Hauptmann und der Arzt schauen sich an.

–Quizás han salido por la ventana, pero no han entrado por ella –dice el médico–. No hay cristales en el suelo del salón, sino en el jardín. ¿Por qué romper la ventana cuando se puede abrir?

El señor Jorge Sarmiento empieza a caminar nervioso.

–Esto es obra de los rebeldes criollos, señor. Saben que nosotros somos leales al rey Alfonso XIII y no apoyamos sus deseos de independencia.

–¿Y el cuadro? –pregunta el capitán Castro.

Jorge se queda un rato en silencio con su mirada en la silueta. Finalmente dice con un gesto de triunfo:

–Sin duda lo han robado para venderlo y financiar sus actividades revolucionarias.

–¿Nos puede hablar más del cuadro?

Entonces toma la palabra la señora Marta:

–Es una obra de **El Greco** ⓘ. Está en mi familia desde hace siglos. Se titula "Las Danaides".

El capitán trata de medir con sus manos el tamaño del cuadro por la silueta de la pared.

–Un metro de largo y dos de alto.

Los cuatro observan la silueta y la ventana con el cristal roto. En ese momento entra un niño mulato de unos seis años. Los dos señores se ponen delante de la puerta para impedirle ver el cadáver.

–Luisito, no puedes estar aquí. ¡Ofelia! –grita el señor Jorge– Ofelia, debe venir inmediatamente y llevar a Luisito a jugar al jardín.

»Vielleicht sind sie durch das Fenster hinausgegangen, aber nicht hinein«, sagt der Arzt. Es liegen keine Scherben auf dem Fußboden des Wohnzimmers, nur im Garten. Warum das Fenster einschlagen, wenn man es öffnen kann?

Herr Jorge Sarmiento fängt an, nervös auf- und abzugehen.

»Das hier ist Werk der rebellischen Kreolen, Señor. Sie wissen, dass wir König Alfonso XIII. gegenüber loyal sind und ihren Wunsch nach Unabhängigkeit nicht unterstützen.«

»Und das Gemälde?«, fragt Hauptmann Castro.

Jorge schweigt eine Weile und blickt auf den Umriss. Schließlich sagt er mit einer triumphierenden Geste:

»Zweifelsohne haben sie es gestohlen, um es zu verkaufen und ihre revolutionären Aktivitäten zu finanzieren.«

»Können Sie uns mehr über das Gemälde erzählen?«

Dann ergreift Frau Marta das Wort:

»Es ist ein Werk von El Greco. Es ist seit Jahrhunderten in meiner Familie. Es trägt den Titel „Die Danaiden".«

Der Hauptmann versucht mit seinen Händen anhand des Umrisses an der Wand die Größe des Gemäldes abzumessen.

»Ein Meter lang und zwei Meter hoch.«

Die vier betrachten den Umriss und das Fenster mit dem zerbrochenen Glas. In diesem Moment kommt ein etwa sechsjähriger Junge, der einen schwarzen und einen weißen Elternteil hat, herein. Die beiden Herrschaften stellen sich vor die Tür, um zu verhindern, dass er die Leiche sieht.

»Luisito, du darfst nicht hier sein. Ofelia! «, ruft Herr Jorge. »Ofelia, Sie müssen sofort kommen und Luisito zum Spielen in den Garten bringen.«

Una criada llega y se lleva al niño, que mira sorprendido el cuerpo en el suelo. Cuando se va, la señora Marta explica nerviosa al capitán que el niño es el hijo de la víctima.

–¿Y el padre? –pregunta el capitán.

El matrimonio se mira y finalmente dice el señor Jorge:

–No hay padre, señor.

–Entiendo –dice el capitán, mientras mira el salón, típico de casa colonial, bastante grande, con una chimenea y una mesa enorme en el centro. Hay platos y cubiertos para dos personas sobre ella. En una de las paredes hay un aparador con varios objetos valiosos.

–Señor capitán, ¿cree que es seguro para nosotros estar en la casa? –dice Marta con una voz que indica el inicio de un estado de histeria.

–Voy a enviar a un par de soldados hoy mismo para vigilar la casa. Pero debe entender que con la situación de rebelión general, no tengo mucho personal para cuidar de su vida.

El capitán dice esto sin mucha convicción.

–Si el asesino ha salido por la ventana, como parece ser, hay que ver por dónde ha entrado. ¿Nos pueden enseñar las puertas para ver si hay alguna forzada? Después el doctor Camps y yo nos vamos a llevar el cadáver para hacer la autopsia. Ya es tarde y por la noche el viaje a la ciudad no es muy seguro.

Es kommt ein Dienstmädchen und nimmt den Jungen mit, der überrascht zu der Leiche auf dem Boden schaut. Als er geht, erklärt Frau Marta dem Hauptmann nervös, dass der Junge der Sohn des Opfers ist.

»Und der Vater?«, fragt der Hauptmann.

Das Ehepaar sieht sich an und schließlich sagt Herr Jorge: »Es gibt keinen Vater, Señor.«

»Ich verstehe«, sagt der Hauptmann, während er sich das Wohnzimmer anschaut, das typisch für ein Kolonialhaus ist, ziemlich groß, mit einem Kamin und einem riesigen Tisch in der Mitte. Es liegen Teller und Besteck für zwei Personen auf ihm. An einer der Wände befindet sich eine Anrichte mit mehreren wertvollen Gegenständen.

»Herr Hauptmann, glauben Sie, dass es für uns sicher ist, im Haus zu sein?«, sagt Marta mit einer Stimme, die auf eine beginnende Hysterie hinweist.

»Ich werde noch heute ein paar Soldaten losschicken, um das Haus zu bewachen. Aber Sie müssen verstehen, dass ich angesichts der allgemeinen Rebellion nicht viel Personal habe, um Ihr Leben zu beschützen.«

Der Hauptmann sagt dies ohne große Überzeugung.

»Wenn der Mörder, wie es scheint, durch das Fenster hinausgegangen ist, müssen wir herausfinden, wie er hineingekommen ist. Können Sie uns die Türen zeigen, um zu sehen, ob es ein gewaltsames Eindringen gegeben hat? Später nehmen Doktor Camps und ich die Leiche zur Obduktion mit. Es ist schon spät und nachts ist die Fahrt in die Stadt nicht sehr sicher.«

Más tarde en la sala de autopsias del cuartel de la capitanía general en Santiago de Cuba, el doctor Camps y el capitán Castro contemplan el cuerpo de Salma.

–¿Qué piensa, doctor Camps?

–La víctima tiene el pie y el cuello rotos.

–La incisión es muy superficial. Hay muy poca sangre.

Los dos callan durante unos minutos.

–Y la víctima tiene un bebé de seis meses dentro.

El doctor Camps se quita los guantes e invita al capitán Castro a tomar una copa de ron en su despacho y fumar un habano. Es ya tarde y los dos hombres no han tenido pausa desde primera hora de la mañana.

–¿Qué se sabe del señor Sarmiento? –pregunta el doctor Camps mientras mira concentrado el humo de su cigarro.

–¡Oh! –dice el capitán Castro, feliz de poder por fin sentarse y quitarse las pesadas botas de uniforme–. Es un Casanova sin escrúpulos. Está casado con esa mujer solamente por el dinero. Se pasa las noches en los casinos de la ciudad. Y cuando los casinos cierran, en los burdeles.

–¿No tienen hijos?

–No, no han tenido hijos. He escuchado que ella quiere vender todo y volver a España. Su familia está muy bien posicionada en Madrid. Aquí solamente ha tenido una vida solitaria y triste.

Später betrachten Doktor Camps und Hauptmann Castro im Leichenschauraum des Hauptquartiers in Santiago de Cuba die Leiche von Selma.

»Was denken Sie, Doktor Camps?«

»Der Fuß und der Hals des Opfers sind gebrochen.«

»Die Einschnitt ist sehr oberflächlich. Es gibt sehr wenig Blut.«

Die beiden schweigen einige Minuten lang.

»Und das Opfer hat einen sechs Monate alten Fötus im Bauch.«

Doktor Camps zieht die Handschuhe aus und lädt Hauptmann Castro ein, in seinem Büro ein Glas Rum zu trinken und eine Havanna-Zigarre zu rauchen. Es ist schon spät und die zwei Männer haben seit den frühen Morgenstunden keine Pause gehabt.

»Was weiß man über Herrn Sarmiento?«, fragt Doktor Camps, während er konzentriert den Rauch seiner Zigarre anschaut.

»Oh!«, sagt Hauptmann Castro, froh, sich endlich setzen und seine schweren Uniformstiefel ausziehen zu können. »Er ist ein Casanova ohne Skrupel. Er ist nur wegen des Geldes mit dieser Frau verheiratet. Er verbringt die Nächte in den Kasinos der Stadt. Und wenn diese schließen, in den Bordellen.«

»Haben sie keine Kinder?«

»Nein, sie haben keine Kinder bekommen. Ich habe gehört, dass sie alles verkaufen und nach Spanien zurückkehren möchte. Ihre Familie ist in Madrid sehr gut aufgestellt. Hier hat sie nur ein einsames und trauriges Leben gehabt.«

El reloj que está encima de la chimenea da las tres de la madrugada.

–¿No le parece extraño? Una criada camina con el pie y el cuello rotos hasta el salón y allí alguien le clava un cuchillo y ella cae al suelo sin señal de resistencia.

–Además, se trata de un cuchillo para comer pescado y, lo más extraño, sale poca sangre de la herida…

–¡Porque la víctima ya está en ese momento muerta! – exclama el capitán, feliz por la rapidez con que los dos están recomponiendo el puzle.

–¿Y no es también interesante? No se sabe cómo ha entrado el asesino, pues en toda la casa no ha aparecido ninguna cerradura forzada, pero sí que ha salido por la ventana y se ha llevado tan solo un cuadro valioso.

–Cosa imposible, pues el cristal roto ha dejado menos espacio que el necesario para sacar un cuadro tan grande.

–Y se lleva el cuadro, mientras deja en el salón numerosos objetos de plata y más fáciles de transportar…

El capitán bebe lo que queda de ron, se levanta y le dice a su compañero:

–Voy a dormir, estimado doctor, pero mañana a primera hora debemos volver a la hacienda. Estoy seguro de que el cuadro todavía está en la casa.

–Y el asesino también.

Die Uhr, die auf dem Kamin steht, zeigt drei Uhr morgens an.

»Finden Sie es nicht seltsam? Ein Dienstmädchen geht mit gebrochenem Fuß und Genick bis zum Wohnzimmer und dort sticht ihr jemand ein Messer ein und sie fällt widerstandslos zu Boden.«

»Außerdem handelt es sich um ein Messer für Fischspeisen, und das seltsamste, es kommt nur wenig Blut aus der Wunde …«

»Weil das Opfer in diesem Moment bereits tot ist! «, ruft der Hauptmann, glücklich darüber, wie schnell sie beide das Puzzle zusammenfügen.

»Und ist das nicht auch interessant? Man weiß nicht, wie der Mörder hineingekommen ist, denn nirgendwo im Haus ist ein aufgebrochenes Schloss aufgetaucht, aber er ist durch das Fenster hinausgegangen und hat nur ein kostbares Gemälde mitgenommen.«

»Was unmöglich ist, da das zerbrochene Glas weniger Platz gelassen hat, als nötig gewesen wäre, um ein solch großes Gemälde hinauszubekommen.«

»Und er nimmt das Gemälde mit, während er im Wohnzimmer mehrere Silbergegenstände zurücklässt, die einfacher zu tragen sind …«

Der Hauptmann trinkt den restlichen Rum, steht auf und sagt zu seinem Partner:

»Ich gehe nun schlafen, verehrter Doktor, aber wir sollten gleich morgen früh zur Hazienda zurückkehren. Ich bin mir sicher, dass sich das Gemälde immer noch im Haus befindet.«

»Und der Mörder ebenso.«

El cuadro aparece al día siguiente en el desván de la casa. El señor Jorge parece muy sorprendido. La señora Marta está muy nerviosa. Al inicio intenta parecer también sorprendida, pero después de preguntas muy directas del capitán finalmente confiesa todo.

–He sido yo. Cuando Salma me cuenta que está embarazada de nuevo de mi marido, tenemos una fuerte discusión y la empujo sin querer por la escalera. Entonces, entonces veo... ¡veo que está muerta! –Marta tiene que hacer una pausa. Las lágrimas no la dejan respirar– Me pongo histérica. Es de noche. Mi marido está, como siempre, en la ciudad. ¿Qué hacer?

Cuenta entonces cómo entra en el salón para ponerse un vaso de ron y poder pensar y que, entonces, ve el cuadro, un cuadro que nunca le ha gustado y se le ocurre todo: arrastrar el cuerpo sin vida de Salma al salón, darle la vuelta, tomar un cuchillo de la mesa y clavárselo. Les dice que a continuación esconde el cuadro, escribe el mensaje que han visto y rompe con una silla el cristal.

–Todo es muy rápido, muy rápido –repite sentada en una silla entre los tres hombres– ¡Ha sido un accidente, un accidente! Dios mío, ¿qué va a ser de mí?

Das Gemälde taucht am nächsten Tag auf dem Dachboden des Hauses auf. Herr Jorge scheint sehr überrascht. Frau Marta ist sehr nervös. Anfangs versucht sie auch, überrascht zu wirken, aber nach einigen sehr direkten Fragen des Hauptmanns beichtet sie schließlich alles.

»Ich bin es gewesen. Als Salma mir erzählt, dass sie erneut von meinem Ehemann schwanger ist, haben wir eine heftige Diskussion, und ich stoße sie unabsichtlich die Treppe hinunter. Dann, dann sehe ich … sehe ich, dass sie tot ist!« Marta muss eine Pause machen. Unter Tränen kann sie nicht atmen. »Ich werde hysterisch. Es ist Nacht. Mein Ehemann ist, wie immer, in der Stadt. Was soll ich tun?«

Sie erzählt dann, wie sie in das Wohnzimmer hineingeht, um sich ein Glas Rum einzuschenken und nachdenken zu können, und dass sie dann das Gemälde sieht, ein Gemälde, das ihr nie gefallen hat, und dann fällt ihr alles ein: wie es war, Salmas leblosen Körper zum Wohnzimmer zu schleppen, ihn umzudrehen, ein Messer vom Tisch nehmen und es in sie hineinzustoßen. Sie erzählt ihnen, dass sie anschließend das Gemälde versteckt, die Botschaft, die sie gesehen haben, schreibt und mit einem Stuhl das Glas einschlägt.

»Es geht alles sehr schnell, sehr schnell«, wiederholt sie, während sie auf einem Stuhl zwischen den drei Männern sitzt. »Es war ein Unfall, ein Unfall! Mein Gott, was soll nur aus mir werden?«

(Diciembre de 1897)

En el puerto de Santiago de Cuba los señores Marta y Jorge suben al barco que los va a llevar a España. Un niño mulato los acompaña. Y entre su equipaje, un paquete de grandes dimensiones que parece ser un cuadro.

(Dezember 1897)
Im Hafen von Santiago de Cuba gehen Marta und Jorge an Bord des Schiffes, das sie nach Spanien bringen wird. Ein Junge mit brauner Haut begleitet sie. Und zwischen dem Gepäck ist ein großes Paket, das ein Gemälde zu sein scheint.

El Greco

ⓘ Der Maler **El Greco** wurde 1541 auf Kreta geboren, das damals zur Republik Venedig gehörte. Er entwickelte seinen besonderen Stil jedoch in seinen späten Werken in Spanien. Als Meister des spanischen Manierismus bekannt, wurde er insbesondere vom Werk Michelangelos inspiriert.

Der kubanische Unabhängigkeitskrieg, der dritte seiner Art, begann 1895 und endete 1898 mit der Unabhängigkeit Kubas von Spanien. Die Insel ging jedoch nahtlos in die Herrschaft der USA über, was bis 1902 so blieb.

Gegen Ende der Kolonialzeit bestand die kubanische Gesellschaft zur großen Mehrheit aus weißen Bürgerinnen und Bürgern (ca. 60 %). Die früher so genannten Mulattinnen und Mulatten sowie Sklavinnen und Sklaven stellten ca. 30 % der Bevölkerung dar. ***Kreolen***, **criollos**, wurden damals auf der Insel geborene Nachkommen von Europäern in Abgrenzung zur spanischen Bevölkerung aus dem Mutterland (**peninsulares**) genannt. Die übrigen zehn Prozent setzten sich aus Einwanderinnen und Einwandern unterschiedlicher Herkunft zusammen. Die soziale und materielle Ungleichheit zwischen der weißen Oberschicht und der nicht weißen Unterschicht ist bis heute auf der Insel zu erkennen.

6. La dama de Baza

Die „Dame von Baza“

6

Lucía pone la yema de su dedo y coloca los ojos delante del escáner. En la pantalla aparece la señal verde y se abre la puerta. Entra en un espacio cerrado donde el detector de metales recorre su cuerpo. Otra luz verde y se abre otra puerta. Ha llegado a lo que llaman la "cámara de Baza", donde está el gigantesco ordenador al que llegan los resultados de los programas más secretos del Centro Español de Inteligencia y del que no hay vía de salida de la información. Actualmente trabajan en un programa de manipulación de resultados electorales en cualquier país del planeta. Solamente cinco personas tienen acceso a la sala, lo que llaman el "comité".

–Buenos días, Susi.

–Buenos días, ¿estás preparada para el Buitre?

Es así como llaman al ministro de Defensa. Las dos mujeres saben que el único modo de proteger el Centro es ocultar sus investigaciones más decisivas al gobierno. Lucía y Susi son los miembros más antiguos del comité.

–¿Qué le vamos a presentar hoy?

–El programa para entrar en las comunicaciones del Kremlin. Creo que con esto el ministro va a estar satisfecho y se va a sentir poderoso.

Poco después llegan dos miembros más del comité y analizan los resultados de las investigaciones de descodificación y modificación de resultados electorales en Argentina. A las doce Lucía y Susi salen de la cámara y van a almorzar. Susi lleva la tableta.

Lucía legt die Fingerspitze auf den Scanner und hält ihre Augen davor. Das grüne Signal erscheint auf dem Bildschirm und die Tür öffnet sich. Sie betritt einen geschlossenen Bereich, in dem ein Metalldetektor ihren Körper abtastet. Noch ein grünes Licht und eine weitere Tür öffnet sich. Sie hat die sogenannte „Baza-Kammer“ erreicht, wo sich der gigantische Computer befindet, zu dem die Ergebnisse der geheimsten Programme des Spanischen Geheimdienstzentrums gelangen und aus dem keine Information hinausgelangt. Zurzeit arbeiten sie an einem Programm zur Manipulation von Wahlergebnissen in jedem Land der Welt. Nur fünf Personen haben Zutritt zu dem Saal, das sogenannte „Komitee“.

»Guten Morgen, Susi.«

»Guten Morgen, bist du für den Geier bereit?«

So nennen sie den Verteidigungsminister. Die beiden Frauen wissen, dass der einzige Weg, das Zentrum zu beschützen, darin besteht, ihre wichtigsten Forschungsergebnisse vor der Regierung zu verbergen. Lucía und Susi sind die ältesten Mitglieder des Komitees.

»Was präsentieren wir ihm heute?«

»Das Programm, das Zugang zur Kommunikation des Kreml ermöglicht. Ich glaube, der Minister wird hiermit zufrieden sein und sich mächtig fühlen.«

Wenige Zeit später kommen zwei weitere Mitglieder des Komitees und analysieren die Forschungsergebnisse zur Entschlüsselung und Änderung der Wahlergebnisse in Argentinien. Um zwölf Uhr verlassen Lucía und Susi die Kammer und gehen Mittag essen. Susi nimmt das Tablet mit.

–¿Has mirado las solicitudes de los nuevos becarios? ¿Qué te parece este: Marco Antonio Peña?

Lucía lo lee mientras el camarero les pone un plato de **cocido madrileño** ⓘ.

–Tiene un currículum impresionante. Complutense, Oxford, MIT, Palo Alto. Doctorado cum laude "Descodificación computacional del lenguaje ibero: un modelo universal", ¡va bien con nuestra "Cámara de Baza"! Incluso, medalla de oro en las Olimpiadas de Mnemotecnia, ¡qué completo! ¿Has comprobado su vida privada? –pregunta Lucía.

–Sí, ni una sombra. Hemos monitorizado todas sus comunicaciones de los últimos años y no hay nada sospechoso.

–De acuerdo. Podemos ofrecerle un mes de prueba y luego vamos a ver.

Marco Antonio es un chico alto, con pelo rubio oscuro, ojos azules y barba de tres días. Cuando uno lo mira, se imagina cómo fue de bebé. A Lucía le inspira ternura, pero también respeto. Marco Antonio tiene una mente rápida y brillante. Los cinco miembros del comité están de acuerdo en que es el mejor becario en años.

Uno de los días en los que Lucía se queda trabajando hasta tarde, cuando va al garaje y enciende el coche, empieza a salir humo del motor.

–Mierda.

»Hast du die Bewerbungen der neuen Praktikantinnen und Praktikanten gesehen? Wie findest du den hier: Marco Antonio Peña?«

Lucía liest sie, während der Kellner ihnen einen Teller Madrider Eintopf serviert.

»Er hat einen beeindruckenden Lebenslauf. Complutense Madrid, Oxford, MIT, Palo Alto. Promotion mit Auszeichnung „Computergestützte Dekodierung der iberischen Sprache: ein universelles Modell“, das passt gut zu unserer „Baza-Kammer“! Sogar eine Goldmedaille bei den Gedächtniskunst-Olympiaden, wie vollkommen! Hast du sein Privatleben überprüft?«, fragt Lucía.

»Ja, kein einziger Schatten. Wir haben seine gesamte Kommunikation der letzten Jahre überwacht und es gibt nichts Verdächtiges.«

»Einverstanden. Wir können ihm einen Probemonat anbieten und dann schauen wir weiter.«

Marco Antonio ist ein großer, junger Mann, mit dunkelblondem Haar, blauen Augen und einem Dreitagebart. Wenn man ihn anschaut, kann man sich vorstellen, wie er als Baby aussah. Bei Lucía ruft er zärtliche Gefühle hervor, flößt ihr aber auch Respekt ein. Marco Antonio hat einen schnellen und brillanten Verstand. Die fünf Mitglieder des Komitees sind sich einig, dass er der beste Praktikant seit Jahren ist.

An einem der Tage, an denen Lucía bis spät arbeitet, kommt Rauch aus dem Motor ihres Autos, als sie in die Garage geht und es startet.

»Mist.«

Llama al servicio de asistencia, pero, como no se trata de una urgencia, no pueden enviar a nadie hasta el día siguiente. Lucía cierra el coche y sale del garaje con la idea de coger un taxi. Justo en ese momento sale Marco Antonio en su moto.

–¿Hoy vas a pie? –pregunta.

–Sí, mi coche ha decidido que me hace falta hacer un poco de deporte. Pero soy rebelde y voy a coger un taxi.

–Si quieres, te puedo llevar en moto. Tengo otro casco.

Lucía duda un rato y finalmente dice que sí, que puede ser divertido.

Madrid parece otro encima de la moto. Bajan como un rayo la calle de Alcalá y llegan a la **fuente de Cibeles** ⓘ. El aire de verano los envuelve. Hay mucha gente. Es un momento mágico y Lucía se siente extraña, como de nuevo con veinte años.

Cuando llega a casa, su marido la recibe con un beso y le dice que la niña ya está en cama.

–¿Qué tal el día? Pareces cansada, ¿por qué no vienes aquí al sofá y vemos un poco la tele?

Y allí lo ve, con su cuerpo en decadencia, con su barriga grande bajo la camiseta y la calva que hoy le parece ridícula.

–Me voy a la cama. Ha sido un día horrible.

Sie ruft den Pannendienst an, aber, da es sich nicht um einen Notfall handelt, können sie erst am nächsten Tag jemanden schicken. Lucía schließt das Auto ab und geht aus der Garage mit dem Gedanken, sich ein Taxi zu nehmen. Genau in diesen Moment kommt Marco Antonio auf seinem Motorrad heraus.

»Gehst du heute zu Fuß?«, fragt er.

»Ja, mein Auto hat beschlossen, dass ich ein wenig Sport machen sollte. Aber ich bin rebelliere dagegen und nehme mir ein Taxi.«

»Wenn du möchtest, kann ich dich auf dem Motorrad mitnehmen. Ich habe einen zweiten Helm.«

Lucía zweifelt einen Moment und sagt schließlich ja, und dass es Spaß machen könne.

Madrid erscheint auf dem Motorrad wie eine andere Stadt. Wie der Blitz fahren sie die Straße von Alcalá hinunter und kommen am Springbrunnen von Cibeles an. Die Sommerluft umgibt sie. Es sind viele Menschen dort. Es ist ein magischer Moment und Lucía fühlt sich seltsam, als wäre sie wieder zwanzig Jahre alt.

Als sie zu Hause ankommt, empfängt ihr Ehemann sie mit einem Kuss und sagt ihr, dass das Kind schon im Bett sei.

»Wie war dein Tag? Du siehst müde aus, warum kommst du nicht hierher aufs Sofa und wir sehen ein wenig fern?«

Und dort sieht sie ihn, mit seinem verfallenden Körper, mit seinem großen Bauch unter dem T-Shirt und der Glatze, die ihr heute lächerlich erscheint.

»Ich gehe ins Bett. Es war ein furchtbarer Tag.«

Sin esperar su respuesta va a la habitación y cierra la puerta. Encima de la cama tiene la sensación de que oye cómo el universo se mueve, cómo gira la tierra, como arde el fuego de las estrellas. Sabe que es todo una ilusión, que no es real. Conoce los mecanismos. ¡Pero hace tanto que no los vive!

–Es todo una fantasía. Está en mi cabeza. No es real.

Se lo repite una y otra vez. Pero su corazón marca los segundos para volver al trabajo al día siguiente y encontrarse con Marco Antonio.

Los días pasan y se va creando una rutina que los une cada vez más: un café en la pausa, el almuerzo y, a veces, coincidir por la noche cuando ambos se quedan a finalizar algún proyecto urgente. Una tarde, a la salida, Marco Antonio le propone ir al Museo Arqueológico. Quiere mostrarle varios ejemplos de escritura ibera. Cuando llegan a la Dama de Baza, dice:

–La primera vez que vi esta estatua, quedé fascinado. Porque la ves y sabes que hay un secreto detrás. Lo importante está escondido detrás de ella. Me pasa lo mismo contigo.

Marco Antonio la coge de la mano. Lucía queda paralizada unos instantes y al final quita su mano para mirar la hora.

–¡Qué tarde es! Tengo que marcharme.

–¡Oh! Te acompaño…

Ohne auf seine Antwort zu warten, geht sie ins Zimmer und schließt die Tür. Auf dem Bett hat sie das Gefühl, zu hören, wie das Universum sich bewegt, wie die Erde sich dreht, wie das Feuer der Sterne brennt. Sie weiß, dass das alles eine Illusion ist, dass es nicht real ist. Sie kennt die Mechanismen. Aber es ist so lange her, dass sie sie nicht erlebt!

Es ist alles Fantasie. Es ist nur in meinem Kopf. Es ist nicht real.

Sie sagt es sich immer und immer wieder. Aber ihr Herz zählt die Sekunden, bis es am nächsten Tag wieder zur Arbeit zurückkehren und Marco Antonio treffen kann.

Die Tage vergehen und es entsteht eine Routine, die beide immer mehr verbindet: ein Kaffee in der Pause, das Mittagessen und, manchmal bleiben beide noch abends zusammen bei der Arbeit, um ein dringendes Projekt abzuschließen. Eines Nachmittags schlägt Marco Antonio ihr auf dem Weg nach draußen vor, das Archäologische Museum zu besuchen. Er möchte ihr einige Beispiele iberischer Schrift zeigen. Als sie bei der »Dame von Baza« ankommen, sagt er:

»Als ich diese Statue das erste Mal sah, war ich fasziniert. Weil du, wenn du sie siehst, weißt, dass ein Geheimnis dahintersteckt. Das Wichtige ist hinter ihr versteckt. Mit dir geht es mir genauso.«

Marco Antonio nimmt ihre Hand. Lucía ist einige Augenblicke lang wie gelähmt und zieht schließlich ihre Hand weg, um auf die Uhr zu schauen.

»Wie spät es ist! Ich muss gehen.«

»Oh! Ich begleite dich …«

–No, no hace falta... Tengo que correr, voy a llegar tarde al colegio de la niña y...

Lucía está ya corriendo cuando dice esto. Tiene que huir. Tiene esa sensación de vértigo al borde de un abismo.

A partir de ese día trata de evitar a Marco Antonio y rompe la rutina de encuentros, no de forma radical, pero sí gradual. Sin embargo, cada vez que llega a casa repite el mismo ritual: encerrarse en el baño y mirarse al espejo. Tiene 46 años y se ve vieja, arrugada, con una piel sin luz. Muerta.

Justo antes de Navidad hay en el Centro un momento de pánico. Se han detectado códigos propios en comunicaciones de Corea del Norte. No se trata de los códigos esenciales, a los que solo acceden los miembros del comité, pero sí códigos de investigaciones menores.

–Es algo muy grave. Todos estamos bajo sospecha –dice Susi– pero es evidente que los nuevos, los becarios, son los primeros en la lista.

–Todo el personal tiene que pasar escáner de metal para garantizar que no lleva ningún dispositivo de memoria. Los móviles tienen que quedar fuera de las oficinas –dice Lucía.

–Muy bien –responde Susi– muy bien.

»Nein, das ist nicht nötig … Ich muss mich beeilen, ich komme zu spät zur Schule meiner Tochter und …«

Lucía ist bereits losgelaufen, als sie dies sagt. Sie muss flüchten. Ihr ist schwindelig, wie am Rande eines Abgrunds.

Von diesem Tag an versucht sie, Marco Antonio zu meiden und unterbricht die Routine der Begegnungen, nicht auf eine abrupte Weise, aber allmählich. Trotzdem wiederholt sie jedes Mal, wenn sie nach Hause kommt, dasselbe Ritual: sie sperrt sich im Bad ein und schaut in den Spiegel. Sie ist 46 Jahre alt und findet, dass sie alt aussieht, faltig, und dass ihre Haut leblos ist. Tot.

Kurz vor Weihnachten kommt es im Zentrum zu einem Moment der Panik. Man hat eigene Codes in Kommunikationen von Nordkorea aufgedeckt. Es handelt sich nicht um die wesentlichen Codes, zu denen nur die Mitglieder des Komitees Zugang haben, aber immerhin um Codes von kleineren Untersuchungen.

»Es ist etwas sehr Schwerwiegendes. Wir stehen alle unter Verdacht«, sagt Susi, »aber es ist offensichtlich, dass die neuen, die Praktikantinnen und Praktikanten, die ersten auf der Liste sind.«

»Das gesamte Personal muss durch den Metallscanner hindurch, um zu garantieren, dass niemand ein Speichermedium bei sich trägt. Mobiltelefone müssen außerhalb der Büros bleiben«, sagt Lucía.

»Sehr gut«, antwortet Susi, »sehr gut.«

El 31 de diciembre se tienen que quedar todos en el Centro por una amenaza de ciberataque a los sistemas de varios ministerios. Pero a medianoche todos suben a la terraza del edificio para ver desde allí cómo cae el edificio Goldindex, que van a dinamitar ese día. No tienen uvas, pero alguien ha traído zumo de fresa. El sonido del edificio que cae es tan intenso que todo tiembla. El cielo se llena de fuegos artificiales y todos se abrazan y brindan con el zumo en vasos de plástico. Entonces Marco Antonio va hacia ella y le da un beso en la mejilla.

–Feliz Año.

Ella va a responder cuando él la abraza muy fuerte. Le coge la mano y la pone encima de su corazón. Va muy rápido. Parece que va a explotar. Los fuegos artificiales lo llenan todo de estruendo y luces. Y él le dice:

–¿Sientes mi corazón? Va a explotar como uno de estos fuegos si no me quieres. Me tienes que querer, me tienes que querer…

En el ascensor no pueden parar de besarse. Su boca sabe a fresa.

Las semanas siguientes comprueba hasta qué punto es una mujer de recursos: trabajar doce horas, hacer deporte, contar mentiras, estar con Marco Antonio, ser madre. Le sorprende la calidad de su trabajo: es mejor que nunca.

Am 31. Dezember müssen alle, aufgrund einer Bedrohung durch Cyberangriffe auf die Systeme mehrerer Ministerien, im Zentrum bleiben. Aber um Mitternacht gehen alle auf die Terrasse des Gebäudes hoch, um von dort aus zu sehen, wie das Gebäude Goldindex, das sie an diesem Tag sprengen, zusammenfällt. Sie haben keine Weintrauben, aber jemand hat Erdbeersaft mitgebracht. Das Geräusch des einstürzenden Gebäudes ist so intensiv, dass alles bebt. Der Himmel füllt sich mit Feuerwerken und alle umarmen sich und stoßen mit dem Saft in Plastikbechern an. Dann geht Marco Antonio auf sie zu und küsst sie auf die Wange.

»Frohes Neues.«

Sie möchte gerade antworten, als er sie ganz fest umarmt. Er nimmt ihre Hand und legt sie auf sein Herz. Es schlägt sehr schnell. Es scheint kurz davor zu sein, zu explodieren. Das Feuerwerk erfüllt alles mit Lärm und Lichtern. Und er sagt zu ihr:

»Spürst du mein Herz? Es wird wie einer dieser Feuerwerkskörper explodieren, wenn du mich nicht liebst. Du musst mich lieben, du musst mich lieben …«

Im Fahrstuhl können sie nicht aufhören, sich zu küssen. Sein Mund schmeckt nach Erdbeere.

In den nächsten Wochen stellt sie fest, wie facettenreich sie als Frau ist: zwölf Stunden arbeiten, Sport machen, Lügen erzählen, mit Marco Antonio zusammen sein, Mutter sein. Die Qualität ihrer Arbeit überrascht sie: sie ist besser denn je.

Claro que Marco Antonio es una motivación, porque él mismo es brillante y logra entusiasmar a todos con sus resultados. Muchos días, cuando Lucía entra en la cámara de Baza, Marco Antonio la despide con una mirada melancólica.

–Un día yo quiero también ser uno del comité –dice–. Sé que es muy duro el proceso, pero no voy a rendirme.

El día del cumpleaños de Marco se quedan solos en el Centro. Lucía le ha regalado un reloj.

–Para contar los segundos que faltan para vernos –le dice.

Cuando Lucía sale de la cámara, Marco Antonio la espera justo fuera.

–Cuando sales de ahí–le dice– me parece que vienes de un viaje muy largo, como de otro planeta. Siempre tengo la sensación de que quizás un día no vas a volver.

–Pero siempre vuelvo –responde Lucía, mientras toca su pelo.

–¿Cómo es?

–¿Cómo es qué? ¿La cámara? Un lugar muy aburrido: pantallas, mesas y sillas.

Hay un silencio entre ellos. Marco la besa en el cuello y en la cara.

–¿Quieres verlo? –pregunta Lucía– Sé que quieres ver cómo es. Tienes que dejar todo el metal fuera.

Natürlich ist Marco Antonio eine Motivation, weil er selbst brillant ist und es schafft, alle mit seinen Ergebnissen zu begeistern. An vielen Tagen, wenn Lucía die „Baza-Kammer“ betritt, verabschiedet sich Marco Antonio von ihr mit einem wehmütigen Blick.

»Eines Tages möchte ich auch einer des Komitees sein«, sagt er. »Ich weiß, der Prozess ist sehr hart, aber ich werde nicht aufgeben.«

An Marcos Geburtstag bleiben sie allein im Zentrum. Lucía hat ihm eine Uhr geschenkt.

»Um die Sekunden zu zählen, bis wir uns wiedersehen«, sagt sie zu ihm.

Als Lucía die Kammer verlässt, wartet Marco Antonio draußen auf sie.

»Wenn du da rauskommst«, sagt er zu ihr, »scheint es mir, als würdest du von einer sehr langen Reise zurückkehren, wie von einem anderen Planeten. Ich habe immer das Gefühl, dass du eines Tages vielleicht gar nicht mehr zurückkehren wirst.«

»Aber ich kehre immer zurück«, antwortet Lucía, während sie sein Haar berührt.

»Wie ist es?«

»Wie ist was? Die Kammer? Ein sehr langweiliger Ort: Bildschirme, Tische und Stühle.«

Es herrscht ein Moment der Stille zwischen ihnen. Marco küsst sie auf den Hals und das Gesicht.

»Möchtet du es sehen?«, fragt Lucía. »Ich weiß, du möchtest sehen, wie es ist. Du musst das ganze Metall draußen lassen.«

Lucía lo toma de la mano y lo lleva hasta la puerta, pone su dedo y sus ojos en el escáner. Luz verde: Se abre la puerta y entra con Marco Antonio muy pegado a su cuerpo. El detector de metales recorre su cuerpo. De nuevo luz verde y ya están dentro. Marco Antonio mira todo con los ojos abiertos como platos.

–Así que tiene este aspecto… –dice pasando la mano por todos los objetos.

Después de unos minutos, Lucía propone salir de la cámara. Cuando se abre la segunda puerta, se encuentran de frente con Susi y los otros tres miembros del comité.

–¡Qué decepción! –dice Susi–. Has caído en la trampa o, con otras palabras, no has pasado la prueba.

–Pero ¿qué es todo esto? – exclama Lucía.

–Cuando nos dimos cuenta de tus sentimientos por el becario, nos pusimos en contacto con el señor Peña y llegamos a un acuerdo para llevarte hasta este punto y ver tu lealtad.

Lucía mira a Marco Antonio.

–¿Por qué?

Marco Antonio no responde, pero lo hace Susi en su lugar.

–Por lealtad a nuestra misión de proteger la nación. Lucía, desde este momento estás expulsada del Centro por poner en riesgo la seguridad nacional. Puedes buscar un abogado.

Lucía nimmt ihn an der Hand und führt ihn zur Tür, sie legt ihren Finger auf den Scanner und hält die Augen davor. Grünes Licht. Die Tür geht auf und sie geht mit Marco Antonio, sehr eng an ihrem Körper, hinein. Der Metalldetektor durchsucht ihren Körper. Erneut grünes Licht und schon sind sie drinnen. Marco Antonio schaut sich alles mit weit aufgerissenen Augen an.

»So sieht es hier also aus …«, sagt er, während er mit seiner Hand über alle Gegenstände fährt.

Nach einigen Minuten schlägt Lucía vor, die Kammer wieder zu verlassen. Als sich die zweite Tür öffnet, stehen Susi und die drei anderen Mitglieder des Komitees vor ihnen.

»Was für eine Enttäuschung!«, sagt Susi. »Du bist in die Falle getappt, oder, mit anderen Worten, du hast die Prüfung nicht bestanden.«

»Aber, was hat das alles zu bedeuten?«, ruft Lucía.

»Als wir uns deiner Gefühle für den Praktikanten bewusst wurden, haben wir Herrn Peña kontaktiert und vereinbart, dich an diesen Punkt zu bringen, um zu überprüfen, wie loyal du bist.«

Lucía sieht zu Marco Antonio hinüber.

»Warum?«

Marco Antonio antwortet nicht, an seiner Stelle macht es Susi.

»Aus Loyalität zu unserem Auftrag, die Nation zu beschützen. Lucía, von jetzt an wirst du des Zentrums verwiesen, da du die nationale Sicherheit gefährdet hast. Du kannst dir einen Rechtsanwalt suchen.«

Una moto avanza a gran velocidad por una carretera secundaria de la sierra madrileña. Marco Antonio se detiene delante de una gasolinera cerrada. Son las tres de la mañana. De las sombras sale un hombre.

–¿Has conseguido los códigos? –pregunta.

–Sí, solo he estado diez minutos en la cámara, pero he podido memorizar la imagen completa de varias páginas. Aquí está la trascripción. Creo que va a ser muy interesante para su gobierno, más que los códigos que les he dado hasta ahora.

–Gracias. El dinero ya está en la cuenta de las islas Caimán. Le vamos a llamar de nuevo pronto. Adiós.

Lucía y Susi escuchan esta conversación desde la cámara gracias al micrófono del reloj.

–¿Lo ves? –dice Susi– Es un traidor doble: primero se ofrece a ponerte una trampa y ahora se descubre que es él quien pasa las informaciones al gobierno de Corea del Norte.

–No me gustó la idea de hacer todo este teatro con la cámara, pero ahora veo tus motivos –dice Lucía.

–Lo siento mucho.

–Al menos es divertido saber que el agente norcoreano lleva un código que nos da acceso a sus ordenadores.

Ein Motorrad fährt mit hoher Geschwindigkeit auf einer Nebenstraße in den Bergen von Madrid. Marco Antonio bleibt vor einer geschlossenen Tankstelle stehen. Es ist drei Uhr morgens. Aus den Schatten tritt ein Mann.

»Haben Sie die Codes bekommen?«, fragt er.

»Ja, ich bin nur 10 Minuten in der Kammer gewesen, aber ich konnte mir das gesamte Bild von mehreren Seiten im Geiste abspeichern. Hier ist die Transkription. Ich denke, sie wird für Ihre Regierung sehr interessant sein, interessanter als die Codes, die ich ihnen bis jetzt gegeben habe.«

»Danke. Das Geld ist bereits auf dem Konto der Cayman-Inseln. Wir werden uns bald wieder bei Ihnen melden. Auf Wiedersehen.«

Lucía und Susi hören dieses Gespräch von der Kammer aus, dank des Mikrofons in der Uhr.

»Siehst du?«, sagt Susi. »Er ist ein doppelter Verräter: erst erklärt er sich bereit, dir eine Falle zu stellen, und jetzt stellt sich heraus, dass er derjenige ist, der die Informationen an die Regierung von Nordkorea weiterleitet.«

»Mir gefiel die Idee, dieses ganze Theater mit der Kammer zu machen, nicht, aber nun verstehe ich deine Gründe«, sagt Lucía.

»Es tut mir sehr leid.«

»Zumindest ist es lustig, zu wissen, dass der nordkoreanische Agent einen Code bei sich hat, der uns Zugang zu seinen Computern verschafft.«

Ambas mujeres salen de la cámara de Baza. Por las ventanas entra la luz del amanecer sobre Madrid.

–¿Qué va a pasar con Marco Antonio ahora? –pregunta Lucía.

–Ya lo sabes. Nadie lo va a ver más.

Susi abre la nevera de la oficina y le pregunta a Lucía si quiere beber algo.

–¿Qué hay?

–Solamente queda zumo de fresa.

Beide Frauen verlassen die Baza-Kammer. Durch die Fenster dringt das Licht der Morgendämmerung über Madrid.

»Was wird nun mit Marco Antonio geschehen?«, fragt Lucía.

»Das weißt du doch. Niemand wird ihn je wiedersehen.«

Susi öffnet den Kühlschrank des Büros und fragt Lucía, ob sie etwas trinken möchte.

»Was gibt es?«

»Es ist nur noch Erdbeersaft da.«

Cocido madrileño

ⓘ Der **cocido madrileño** ist ein traditioneller Eintopf aus Madrid, der mit Kichererbsen, Fleisch, Kartoffeln und Gemüse zubereitet und vor allem in der kalten Jahreszeit gern gegessen wird.

Fuente de Cibeles

ⓘ Der historische Wasserspringbrunnen am Cibeles-Platz, der nach ihm benannt wurde, ist eins der repräsentativsten Denkmäler Madrids. Der 1782 vom Architekten Ventura Rodríguez entworfene Brunnen stellt die Göttin Kybele, die für die Erde, Landwirtschaft und Fruchtbarkeit steht, auf einem von Löwen gezogenen Wagen dar. Er wurde anfangs für die Wasserversorgung der Bevölkerung Madrids genutzt. Heute dient er als beliebter Treffpunkt. Hier werden auch die Siege des Fußballclubs Real Madrid gefeiert.

Die Iberer waren eine Volks- oder Stammesgruppe, die in prähistorischer Zeit auf der Iberischen Halbinsel lebte. Sie besaßen Kenntnisse in der Metallverarbeitung und im Ackerbau. Ihre Sprache gehört wahrscheinlich zu den altmediterranen Sprachen. Iberische Texte, vor allem Weih- und Grabinschriften, stammen mehrheitlich aus dem 5. und dem 1. Jh. v. Chr. Sie wurden hauptsächlich in Andalusien gefunden.

Die **Dama de Baza** ist eine sitzende Frauenplastik aus dem 4. Jh. v. Chr. Das Original ist im **Museo Arqueológico Nacional** (***Archäologischen Nationalmuseum***) ausgestellt. Sie wurde 1971 in **Baza**, einer Stadt in der Provinz Granada, bei Ausgrabungen gefunden. Die **Dama** scheint eine Göttin zu repräsentieren. Sie trägt luxuriösen Schmuck und reich verzierte Kleidung. Die Skulptur ist ein schönes Beispiel für iberische Kunst, die von der Mittelmeerregion und der griechischen Welt beeinflusst wurde. Im selben Museum in Madrid befindet sich ein weiteres Kunstwerk der Iberer, die Büste der **Dama de Elche**.

7. Cenizas

Asche

7

–¡Ay! ¡Otra vez! –grita la inspectora Kena Castro, cuando su compañero Alberto la pisa de nuevo.

–Lo siento, después de treinta años todavía no controlo mis pies de número 47.

–Vamos a ver, el intercambio se va a producir hoy en Club Fiasco –resume Kena.

–Sí. Lady Bas va a esperar en su camerino con los 50 kilos de heroína. Según nuestras informaciones, el "Pincho" –dice Alberto señalando la foto de un chico con cara delgada, varios pirsins y rastas– va a llegar con los tres millones de euros en una bolsa de deporte.

–Entonces –continúa Kena– después del intercambio, yo me encargo de seguir al "Pincho" y tú sigues a Lady Bas.

–¡Hecho!

Es la fiesta nacional del 12 de octubre, y también el día de la Virgen del Pilar, y por eso Zaragoza está llena de gente. Kena y Alberto tienen dificultades para reconocer al "Pincho" entre las personas que salen del Club Fiasco. Lady Bas ya no está en su momento de mayor fama, pero, sin embargo, todavía hay bastantes personas que quieren ver al travesti más famoso de España. El "Pincho" lleva la bolsa de deporte. Cuando casi todo el mundo ha salido, entra en el local.

–Quizás lo mejor es detenerlo ahora –sugiere Kena otra vez.

»Au! Schon wieder!«, schreit die Inspektorin Kena Castro, als ihr Kollege Alberto ihr erneut auf den Fuß tritt.

»Es tut mir leid, nach dreißig Jahren habe ich meine Füße mit der Schuhgröße 47, immer noch nicht unter Kontrolle.«

»Also, der Austausch findet heute im Club Fiasco statt«, fasst Kena zusammen.

»Ja. Lady Bas wird in ihrer Künstlergarderobe mit fünfzig Kilo Heroin warten. Unseren Informationen zufolge wird „el Pincho", „der Spieß", mit drei Millionen Euro in einer Sporttasche ankommen«, sagt Alberto, während er auf das Foto eines jungen Mannes mit schmalem Gesicht, mehreren Piercings und Dreadlocks zeigt.

»Dann«, fährt Kena fort, »kümmere ich mich nach dem Austausch darum, „el Pincho" zu folgen und du folgst Lady Bas.«

»Einverstanden!«

Es ist der Nationalfeiertag, der 12. Oktober, und auch der Tag der heiligen Jungfrau, der *Virgen del Pilar*, und daher ist Zaragoza voller Menschen. Kena und Alberto haben Schwierigkeiten, „el Pincho" zwischen den Leuten, die aus dem Club Fiasco herauskommen, zu erkennen. Lady Bas ist nicht mehr auf dem Höhepunkt ihres Erfolgs, aber es gibt immer noch ziemlich viele Leute, die den berühmtesten Transvestiten Spaniens sehen möchten. „El Pincho" trägt die Sporttasche. Als fast alle das Lokal verlassen haben, geht er hinein.

»Vielleicht ist es am besten, wenn wir ihn jetzt festnehmen«, schlägt Kena wieder vor.

–No, no, no –dice Alberto–. Necesitamos llegar a sus jefes. Si queremos terminar con la organización, no es suficiente cortar una mano. Necesitamos cortar la cabeza.

–Vale, vale –termina Kena–. ¡Mira, ahí sale él!

Del local se ve salir al "Pincho" con una mochila muy grande. Kena se baja del coche y se despide de Alberto.

–¡Suerte!

Alberto le guiña un ojo.

–Lo mismo.

Kena desaparece entre la gente que llena las calles del centro. Alberto tiene que esperar hasta las dos de la mañana para ver salir del local a Lady Bas. Va vestida con un abrigo de piel hasta los pies, unos zapatos de tacón de color verde neón, un bolso dorado, un pañuelo le cubre la cabeza y lleva unas gafas de sol gigantescas. Arrastra un trolley de metal. Alberto le saca una foto con el móvil y se la envía a Kena con el siguiente mensaje: "Empieza la diversión." Lady Bas está de pie en la acera como buscando un taxi. Alberto conduce hasta donde está ella y baja la ventanilla.

–¡Hola preciosidad! ¿Te llevo a algún sitio?

Lady Bas mira a Alberto con interés. Es un chico de pelo negro y ojos verdes muy brillantes y llenos de vida, y tanto por su genética como por las horas de gimnasio tiene un cuerpo excepcional.

»Nein, nein, nein«, sagt Alberto. »Wir müssen an seine Auftraggeber herankommen. Wenn wir die Organisation zerschlagen möchten, genügt es nicht, eine Hand abzuschneiden. Wir müssen den Kopf abschneiden.«

»Ok, ok«, sagt Kena abschließend. »Schau, da kommt er raus!«

Man sieht „el Pincho“ mit einem sehr großen Rucksack das Lokal verlassen. Kena steigt aus dem Auto und verabschiedet sich von Alberto.

»Viel Glück!«

Alberto zwinkert ihr zu.

»Ebenso.«

Kena verschwindet zwischen den Menschen, die die Straßen der Innenstadt füllen. Alberto muss bis zwei Uhr morgens warten, um Lady Bas aus dem Lokal hinausgehen zu sehen. Sie trägt einen Pelzmantel bis zu den Füßen, High Heels in Neongrün, und eine goldene Tasche. Ein Tuch hüllt ihren Kopf ein und sie trägt eine riesige Sonnenbrille. Sie zieht einen Metalltrolley hinter sich her. Alberto macht mit seinem Handy ein Foto von ihr und schickt es Kena mit der folgenden Nachricht: »Der Spaß fängt an.« Lady Bas steht auf dem Bürgersteig, als würde sie ein Taxi suchen. Alberto fährt zu ihr und öffnet das Fenster.

»Hallo Schönheit! Soll ich dich irgendwo hin mitnehmen?«

Lady Bas schaut Alberto interessiert an. Es ist ein junger Mann mit schwarzen Haaren, leuchtenden grünen Augen voller Leben, und sowohl wegen seiner Gene als auch der Stunden, die er im Fitnessstudio verbringt, hat er einen bemerkenswerten Körper.

–No, gracias, pero si tienes fuego ¿me puedes encender el cigarrillo? –dice mientras saca del bolso una pitillera. Alberto se inclina hacia ella.

–¿Por qué no te acercas un poco más, guapísima?

Lady Bas pone un cigarrillo en su boca y se acerca más.

–¿Para verme mejor?

Alberto abre la puerta del copiloto, saca una pistola y se la pone en el cuello.

–No, para decirte que si no haces lo que te digo, te voy a achicharrar tu cara preciosa. ¡Rápido! ¡Dentro del coche!

Lady Bas se queda rígida y parece que quiere tomar algo de su bolso.

–¡Rápido!, he dicho. ¡Sin movimientos extraños!

–Vale, vale…

Lady Bas sube al coche no sin dificultades a causa del trolley y su grandísimo abrigo. Cuando está sentada, Lady Bas parece tranquila:

–No, así no se hacen los negocios. No os podéis quedar con la droga y con el dinero. A Don Augusto no le va a gustar esto, no. Lo vais a pagar caro…

–Te equivocas. Esto no tiene nada que ver con vuestros negocios de drogas, excepto en una cosa: en el dinero.

Conducen en dirección norte, fuera de la ciudad, hasta que llegan a una carretera secundaria sin tráfico.

–Ahora fuera del coche –dice Alberto.

–¿Cómo? –exclama Lady Bas– ¿Me vas a dejar aquí en el medio de la nada?

»Nein danke, aber falls du Feuer hast, kannst du mir eine anzünden?«, sagt die Lady, während sie aus ihrer Tasche ein Zigarettenetui holt. Alberto neigt sich zu ihr vor.

»Warum kommst du nicht ein wenig näher, Schönheit?«

Lady Bas steckt sich eine Zigarette in den Mund und kommt näher.

»Um mich besser zu sehen?«

Alberto öffnet die Beifahrertür, holt eine Pistole heraus und setzt sie ihr an den Hals.

»Nein, um dir zu sagen, dass ich, falls du nicht tust, was ich dir sage, dein hübsches Gesicht verbrennen werde. Schnell! Ins Auto!«

Lady Bas erstarrt und scheint etwas aus ihrer Tasche herausholen zu wollen.

»Schnell!, habe ich gesagt. Keine seltsamen Bewegungen!«

»Ist gut, ist gut …«

Lady Bas steigt aufgrund des Trolleys und ihres riesigen Mantels nicht ohne Schwierigkeiten ins Auto. Als sie sitzt, wirkt Lady Bas ruhig:

»Nein, so macht man keine Geschäfte. Ihr könnt nicht die Drogen und das Geld behalten. Don Augusto wird das nicht gefallen, nein. Ihr werdet teuer dafür bezahlen …«

»Du irrst dich. Das hier hat nichts mit euren Drogengeschäften zu tun, außer mit einer Sache: dem Geld.«

Sie fahren Richtung Norden, stadtauswärts, bis sie an einer Nebenstraße ohne Verkehr ankommen.

»Jetzt raus aus dem Auto, sagt Alberto.«

»Wie?«, ruft Lady Bas. »Willst du mich hier mitten im Nirgendwo zurücklassen?«

–Sí, ¡fuera! El dinero se queda conmigo.

Lady Bas se baja del coche, se vuelve como para decir algo y entonces se lanza sobre Alberto para tratar de sacarle la pistola. En la lucha suena un disparo y Lady Bas cae muerta sobre Alberto.

–¡Mierda!

Alberto respira profundamente. El último año no ha sido fácil. Es verdad que, después del divorcio, ha logrado superar su alcoholismo, pero lo ha sustituido por la adicción al juego y ahora tiene deudas, deudas de siete cifras. Necesita el dinero y ha visto la oportunidad en esa operación policial, pero en ningún momento ha pensado en la muerte de nadie. Sale del coche y mete el cadáver de Lady Bas en el maletero. Su primera reacción es ir a comisaría y contar lo que ha ocurrido. Sin embargo, sabe que eso significa 1) problemas y 2) quedarse sin dinero. Después tiene una idea y conduce hasta uno de los mataderos de la ciudad. En ese momento suena el móvil. Es Kena.

–Hola, aquí objetivo cumplido. El "Pincho" nos ha llevado al piso desde donde se hace la distribución. He llamado a dos patrullas para detener al grupo. ¿Dónde estás tú?

–Estoy… en… He perdido a Lady Bas.

–Pero ¿cómo?

–Se ha subido al tranvía y la he perdido. Lo siento.

»Ja, raus! Das Geld bleibt bei mir.«

Lady Bas steigt aus dem Auto, sie dreht sich um, als wolle sie etwas sagen, und dann wirft sie sich auf Alberto und versucht, ihm die Pistole abzunehmen. Im Kampf fällt ein Schuss und Lady Bas fällt tot auf Alberto.

»Scheiße!«

Alberto atmet tief ein. Das letzte Jahr ist nicht einfach gewesen. Es ist wahr, dass er es nach der Scheidung geschafft hat, seine Alkoholsucht zu überwinden, aber er hat sie durch die Spielsucht ersetzt und nun hat er Schulden, Schulden in siebenstelliger Höhe. Er braucht das Geld und er hat in diesem Polizeieinsatz seine Chance gesehen, aber in keinem Moment hat er gedacht, dass jemand sterben würde. Er steigt aus dem Auto und legt die Leiche von Lady Bas in den Kofferraum. Seine erste Reaktion ist, zur Polizeiwache zu gehen und zu erzählen, was geschehen ist. Jedoch weiß er, dass dies 1) Probleme bedeutet und 2) bedeutet, das Geld zu verlieren. Dann kommt ihm eine Idee in den Sinn und er fährt zu einem der Schlachthöfe der Stadt. In diesen Moment klingelt sein Handy. Es ist Kena.

»Hallo, hier haben wir das Ziel erreicht. „El Pincho“ hat uns zu der Wohnung gebracht, wo die Drogenverteilung stattfindet. Ich habe zwei Polizeistreifen gerufen, um die Bande festzunehmen. Wo bist du?«

»Ich bin … in … Ich habe Lady Bas verloren.«

»Aber wie?«

»Sie ist in die Straßenbahn gestiegen und ich habe sie verloren. Es tut mir leid.«

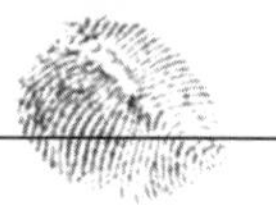

Silencio al otro lado. Finalmente se oye la voz de Kena con cierto tono frío.

–Es imposible perder a un travesti de casi dos metros, vestido con un abrigo de piel y gafas de sol en plena noche. Voy a tratar de encontrarla en las cámaras de tráfico y estaciones.

Kena termina la conversación sin despedirse. Alberto sabe que está enfadada, pero no tiene tiempo ahora para eso. Al llegar al matadero, desnuda el cuerpo de Lady Bas y lo envuelve en una manta que tiene en el maletero. El edificio está cerrado. Alberto lo conoce porque ha traído un par de veces a perros del cuerpo policial muertos en operaciones. Después de neutralizar la alarma y abrir una puerta, lleva a hombros el cuerpo de Lady Bas hasta uno de los contenedores que esperan delante del crematorio y lo abandona allí entre restos de vacas y cerdos.

En el coche se desnuda y se pone la ropa de Lady Bas. No tienen la misma talla en todo, pero al final le parece que el resultado es satisfactorio. Vuelve a la ciudad y aparca cerca de la estación.

–¡Buenos días! Un billete para el próximo **AVE** ⓘ a Madrid, por favor.

Stille am anderen Ende. Schließlich ist Kenas Stimme mit einem kühlen Unterton zu hören.

»Es ist unmöglich, einen fast zwei Meter großen Transvestiten mit einem Pelzmantel und Sonnenbrille mitten in der Nacht zu verlieren. Ich werde versuchen, sie in den Überwachungskameras im Straßenverkehr und an den Bahnhöfen ausfindig zu machen.«

Kena beendet das Gespräch, ohne sich zu verabschieden. Alberto weiß, dass sie verärgert ist, aber er hat jetzt keine Zeit dafür. Als er an dem Schlachthof ankommt, zieht er Lady Bas aus und wickelt den toten Körper in eine Decke ein, die er im Kofferraum hat. Das Gebäude ist geschlossen. Alberto kennt es, da er einige Male Polizeihunde, die in Einsätzen gestorben sind, dort hingebracht hat. Nachdem er die Alarmanlage ausgeschaltet und eine Tür geöffnet hat, trägt er Lady Bas´ Leiche auf seinen Schultern bis zu einem der Container, die vor dem Krematorium bereit stehen und lässt sie dort zwischen den Überresten von Kühen und Schweinen zurück.

Im Auto zieht er sich aus und zieht die Kleidung von Lady Bas an. Sie haben nicht in allem dieselbe Größe, aber schlussendlich ist er mit dem Ergebnis zufrieden. Er kehrt in die Stadt zurück und parkt in der Nähe des Bahnhofs.

»Guten Morgen! Ein Ticket für den nächsten Hochgeschwindigkeitszug nach Madrid, bitte.«

Avanza con el trolley por todo el andén del AVE. Conoce la posición de las cámaras en la estación. Cuando está seguro de que lo han grabado al menos tres, se sube al tren. Alberto se mete en el baño con el trolley, donde lleva su propia ropa y se cambia. En la primera parada, Calatayud, se baja del AVE. El trolley queda en la zona de equipajes del tren con destino Madrid.

Kena revisa en su oficina horas de grabación de las cámaras de tráfico de la ciudad y de las estaciones. Alberto se pasa a veces para preguntarle si ha descubierto algo. Kena responde fríamente.

–Todavía no, pero lo voy a hacer.

Alberto no conoce tanto a Kena, que lleva menos de un año en Zaragoza, y no sabe si su enfado es temporal o definitivo, pero sabe que está decepcionada y lo ha clasificado en una categoría intelectual y profesional inferior.

–¡Aquí estás! –exclama Kena, cuando descubre la figura de Lady Bas con su abrigo de pieles, su pañuelo en la cabeza y sus gafas de sol comprando un billete en la estación de tren.

Er bewegt sich mit dem Trolley auf dem gesamten Bahnsteig des Zugs entlang. Er kennt die Position der Kameras am Bahnhof. Als er sich sicher ist, dass mindestens drei ihn gefilmt haben, steigt er in den Zug. Alberto geht mit dem Trolley, in dem seine eigene Kleidung ist, in die Zugtoilette und zieht sich um. An der ersten Haltestelle, Calatayud, steigt er aus. Der Trolley bleibt im Gepäckbereich des Zugs Richtung Madrid zurück.

Kena überprüft in ihrem Büro die stundenlangen Aufzeichnungen der Verkehrskameras der Stadt und der Bahnhofskameras. Alberto kommt hin und wieder vorbei, um sie zu fragen, ob sie etwas entdeckt hat. Kena antwortet kühl.

»Noch nicht, aber das werde ich.«

Alberto kennt Kena, die seit weniger als einem Jahr in Zaragoza ist, nicht so gut, und er weiß nicht, ob ihr Ärger vorübergehend oder von Dauer ist, aber er weiß, dass sie enttäuscht ist und ihn nun intellektuell und beruflich gesehen schwächer einstuft.

»Hier bist du!«, ruft Kena, als sie die Gestalt von Lady Bas mit ihrem Pelzmantel, ihrem Tuch auf dem Kopf und ihrer Sonnenbrille entdeckt, während diese ein Ticket am Bahnhof kauft.

Poco después descubre otras imágenes más del travesti avanzando por el andén y subiendo al AVE hacia Madrid. Pide a todas las estaciones del AVE que le envíen imágenes que han tomado las cámaras desde la mañana hasta la tarde del día 13. Mira las imágenes una y otra vez tratando de encontrar alguna pista. Hasta que en una de ellas nota algo raro: los zapatos de tacón están cortados en el talón.

–¿Qué travesti corta unos zapatos así?

Alberto está de suerte y esa noche, después de pagar sus deudas, gana varias partidas de póker.

En el matadero, un contenedor vacía su contenido en la cámara crematoria. El fuego consume los cadáveres en un instante. Solo quedan cenizas.

Wenig später entdeckt sie weitere Aufnahmen des Transvestiten, wie er den Bahnsteig entlang geht und in den Zug nach Madrid steigt. Sie bittet alle Haltestellen des Zugs, ihr die Aufnahmen, die die Kameras seit dem Morgen bis zum Nachmittag des 13. gemacht haben, zu schicken. Sie schaut sich die Aufnahmen immer wieder auf der Suche nach einem Hinweis an. Bis sie in einer Aufnahme etwas Seltsames bemerkt: Die High Heels sind an den Fersen abgeschnitten.

»Welcher Transvestit schneidet seine Schuhe so ab?«

Alberto hat eine Glückssträhne und gewinnt in dieser Nacht, nachdem er seine Schulden bezahlt hat, mehrere Pokerrunden.

Im Schlachthof leert ein Container seinen Inhalt in die Verbrennungskammer. Das Feuer verbrennt die Kadaver sofort. Es bleibt nur Asche übrig.

AVE

ⓘ **AVE** steht für **Alta Velocidad Española** und ist die Bezeichnung für das vom staatlichen Eisenbahnunternehmen **RENFE (Red Nacional de Ferrocarriles Españoles)** betriebene Hochgeschwindigkeitsnetz und die Hochgeschwindigkeitszüge in Spanien. Die erste Hochgeschwindigkeitsstrecke, zwischen Madrid und Sevilla, wurde 1992 anlässlich der Expo in Sevilla in Betrieb genommen. Seither wurde das Hochgeschwindikeitsstreckennetz in Spanien immer mehr ausgebaut.

Zaragoza ist die Hauptstadt der autonomen Gemeinschaft Aragonien. Eines der Wahrzeichen der Stadt ist die **Basílica del Pilar**. Am 12. Oktober, der zugleich Nationalfeiertag in ganz Spanien und den meisten südamerikanischen Ländern ist, werden Feierlichkeiten zu Ehren der **Virgen del Pilar** begangen, der Schutzheiligen der Stadt. Bereits am frühen Morgen findet eine beeindruckende Zeremonie zur ***Blumenniederlegung*** statt, die sogenannte **Ofrenda de Flores**. Tausende in regionaler Tracht gekleidete Menschen beschenken die Jungfrau mit Blumengestecken und Sträußen auf der **Plaza del Pilar**. In der Abenddämmerung des 13. Oktobers zieht die Prozession des *„gläsernen Rosenkranzes"* (**Rosario de Cristal**) mit Wagen und Glaslaternen durch die Stadt und hinterlässt dabei eine ganz besondere Stimmung.

8. Papel en blanco

Leeres Blatt Papier

8

Ese año la Caja de Ahorros de la ciudad organiza entre los estudiantes de bachillerato un premio especial para celebrar su 50 aniversario: un concurso de literatura para jóvenes talentos. El premio es una beca para estudiar un año en Londres. Julián sabe que es la oportunidad de su vida. Ha sido siempre un alumno con excelentes notas; sin embargo, nadie lo considera brillante. Todo lo contrario que su primo Ángel, el típico chico que todo el mundo ama, que saca diez en los exámenes sin casi estudiar y que no para de tener ideas geniales. Julián todavía recuerda los momentos de las comidas familiares: todos están pendientes de las historias de Ángel mientras él está sentado en silencio en una esquina, escondido detrás de sus gafas.

Pero Julián sabe que su primo Ángel es como un fuego artificial y está convencido de que él, Julián, es el verdadero genio. Ha escrito un relato fabuloso y está seguro de su victoria.

La ceremonia de anuncio de ganador tiene lugar en el teatro de la ciudad, que está lleno de estudiantes de bachillerato como él. Julián se ha vestido con un traje de su padre que le queda grande y está sudando. Entonces el presidente de la Caja de Ahorros se sube a la tarima, abre el sobre y dice:

–Y el ganador del concurso de nuestra Caja de Ahorros es Julián Suárez Cosidó por el relato "Cuando Era Chico".

Dieses Jahr organisiert die städtische Sparkasse zur Feier ihres fünfzigjährigen Bestehens für die Abiturientinnen und Abiturienten einen besonderen Preis: einen Literaturwettbewerb für junge Talente. Der Preis ist ein Stipendium für ein Studienjahr in London. Julián weiß, das ist die Chance seines Lebens. Er ist immer ein Schüler mit hervorragenden Noten gewesen; dennoch hält ihn niemand für brillant. Er ist das genaue Gegenteil von seinem Cousin Ángel, dem typischen Jungen, den die ganze Welt liebt, der Einsen in den Prüfungen schreibt, fast ohne dafür zu lernen, und dem am laufenden Band geniale Ideen einfallen. Julián erinnert sich immer noch an die Momente bei den Familienessen: alle hören sich gespannt die Geschichten von Ángel an, während er still in einer Ecke sitzt, hinter seiner Brille versteckt.

Aber Julián weiß, dass sein Cousin Ángel wie ein Feuerwerk ist, das verpufft, und er ist überzeugt, dass er, Julián, das wahre Genie ist. Er hat eine großartige Geschichte geschrieben und ist sich seines Sieges sicher.

Die Feier, bei der der Gewinner oder die Gewinnerin bekanntgegeben wird, findet im Stadttheater statt, das voller Abiturientinnen und Abiturienten wie er ist. Julián hat einen Anzug seines Vaters angezogen, der ihm zu groß ist, und er schwitzt. Dann steigt der Präsident der Sparkasse auf das Podium, öffnet den Umschlag und sagt:

»Und der Gewinner des Wettbewerbs unserer Sparkasse ist Julián Suárez Cosidó mit der Geschichte „Als ich ein Junge war".«

La sala se llena de aplausos y Julián camina borracho de triunfo, por primera vez en su vida, a la tarima del teatro a recoger su premio.

Un año pasa pronto y cuando vuelve a su ciudad, parece que nadie lo ha echado de menos, ni muestra mucho interés por sus experiencias en Londres. Sin embargo, su primo Ángel ya ha terminado el primer año de su carrera de Filosofía en la Complutense y ha publicado una novela que tiene mucho éxito de ventas y de críticas. En las comidas familiares todos hablan de él. Una vez Julián se le acerca:

–¡Felicidades por tu éxito! Pero quizás todavía me tienes un poco de rencor por haber ganado yo el concurso de la Caja de Ahorros.

–Ah –le responde Ángel– pero si yo nunca participo en concursos. En ese tampoco participé.

Ocho años después, mientras Julián es un profesor de Historia en un pequeño pueblo del Pirineo catalán después de haber aprobado las oposiciones al tercer intento (para lo que ha tenido que aprender catalán), Ángel es internacionalmente famoso por sus novelas. Julián sigue seguro de que su primo es solamente humo y él es el verdadero creador, la persona que llega a la profundidad de las cosas y de las personas. Pasa gran parte del tiempo ante su ordenador, escribe unas líneas y las vuelve a borrar. Sabe que tiene mucho que contar al mundo, pero no sabe por dónde empezar y qué forma darle. Al final siempre queda lo mismo: un papel en blanco.

Im Saal gibt es mehr und mehr Applaus und Julián geht siegestrunken, zum ersten Mal in seinem Leben, auf die Theaterbühne, um seinen Preis entgegenzunehmen.

Ein Jahr vergeht schnell und als er in seine Stadt zurückkehrt, scheint ihn niemand vermisst zu haben und es zeigt auch niemand Interesse für seine Erlebnisse in London. Sein Cousin Ángel hingegen hat bereits das erste Jahr seines Philosophiestudiums an der Madrider Universität Complutense abgeschlossen und einen Roman veröffentlicht, der sowohl in Bezug auf die Verkaufszahlen als auch auf die Kritiken ein großer Erfolg ist. Bei den Familienessen spricht jeder über ihn. Einmal spricht Julián ihn an:

»Herzlichen Glückwunsch zu deinem Erfolg! Aber vielleicht hegst du noch immer einen gewissen Groll gegen mich, weil ich den Sparkassenwettbewerb gewonnen habe.«

»Ach«, antwortet Ángel, »ich mache doch nie bei Wettbewerben mit. Bei dem habe ich auch nicht mitgemacht.«

Acht Jahre später ist Julián Geschichtslehrer in einem kleinen Dorf in den katalanischen Pyrenäen, nachdem er im dritten Anlauf die Aufnahmeprüfung bestanden hat (für die er Katalanisch lernen musste), während Ángel durch seine Romane international bekannt ist. Julián ist sich immer noch sicher, dass sein Cousin nur Schall und Rauch ist und dass er der wahre schöpferische Geist ist, derjenige, der den Dingen und Menschen auf den Grund geht. Er verbringt die meiste Zeit an seinem Computer, schreibt einige Zeilen und löscht sie wieder. Er weiß, er hat der Welt viel zu erzählen, aber er weiß nicht, wo er anfangen soll und welche Form er alldem geben soll. Zum Schluss bleibt immer das Gleiche: ein leeres Blatt Papier.

El **día de San Jordi** ⓘ va a cenar con una compañera de trabajo. Ese día las librerías están abiertas hasta más tarde y las calles están llenas de gente con libros y rosas. En la plaza del pueblo los vecinos forman una torre humana y hay fuegos artificiales. Julián se siente contento hasta que Margot, su compañera, le da un pequeño paquete.

–Toma, feliz San Jordi –dice con una sonrisa.

Julián abre el paquete y, como es lógico ese día, es un libro, pero su cara cambia cuando ve el título: "El Escritorio Negro" de Ángel Suárez.

–Oh, quizás ya lo tienes –dice su colega cuando ve su reacción.

–No, no es eso –responde Julián– es que, de repente, he tenido un pequeño mareo. Creo que he bebido demasiado vino.

Margot insiste en acompañarlo hasta su casa, que está en las afueras del pueblo. Hay que ir por un camino sin asfaltar y con poca luz. En un momento en que la conversación termina y simplemente caminan, a Julián se le ocurre la idea de matar a Margot. Piensa en arrastrarla hasta los árboles y darle golpes contra un tronco. Luego puede llevar el cadáver hasta una de las casas abandonadas que hay cerca y esconderlo allí. O quizás prenderle fuego a la casa…

–Bueno, creo que te dejo aquí –dice Margot con una voz rara– Ya es un poco tarde y hace frío.

Am Georgstag geht er mit einer Arbeitskollegin essen. An diesem Tag sind die Buchhandlungen länger geöffnet und die Straßen sind voller Menschen mit Büchern und Rosen. Auf dem Dorfplatz bilden die Dorfbewohnerinnen und Dorfbewohner einen Menschenturm und es gibt ein Feuerwerk. Julián ist glücklich, bis Margot, seine Kollegin, ihm ein kleines Päckchen gibt.

»Hier, bitte, frohen Georgstag«, sagt sie mit einem Lächeln.

Julián öffnet das Paket, und wie es für diesen Tag üblich ist, ist es ein Buch, aber seine Miene verzieht sich, als er den Titel sieht: „Der schwarze Schreibtisch" von Ángel Suárez.

»Oh, vielleicht hast du es schon«, sagt seine Kollegin, als sie seine Reaktion sieht.

»Nein, das ist es nicht«, antwortet Julián, »mir ist nur plötzlich etwas schwindelig geworden. Ich glaube, ich habe zu viel Wein getrunken.«

Margot besteht darauf, ihn zu seinem Haus zu begleiten, das am Rande des Dorfes liegt. Man muss eine unbefestigte und schlecht beleuchtete Straße entlanggehen. In einem Moment, in dem das Gespräch stockt und beide nur gehen, kommt Julián die Idee in den Sinn, Margot zu töten. Er denkt daran, sie bis zu den Bäumen zu schleifen und sie gegen einen Baumstamm zu schlagen. Anschließend kann er die Leiche bis zu einem der verlassenen Häuser tragen, die in der Nähe sind, und sie dort verstecken. Oder das Haus vielleicht in Brand setzen …

»Gut, ich glaube, ich verabschiede mich hier«, sagt Margot mit seltsamer Stimme. »Es ist schon etwas spät und es ist kalt.«

Julián la mira. Hay un elemento de pánico en sus ojos. Tal vez las malas intenciones se respiran. Julián piensa: "Ahora o nunca." Se acerca a darle un beso en la mejilla. Margot está temblando. Es como una flor que se puede romper con un dedo.

–Adiós Margot –dice Julián y después cada uno continúa su camino.

Al llegar a casa se pone a escribir durante cinco horas sin parar y cuenta el crimen que se ha imaginado hasta el final, con Margot muerta y enterrada en el sótano de una casa abandonada. A partir de ese día hace lo mismo, de un crimen imaginado en su vida real, crea uno real en su vida literaria: corta en pedazos a la carnicera, tira por la ventana a uno de sus alumnos, congela al vendedor de lotería… Y escribe y escribe y escribe.

Hasta que llega ese día en el que lee en el periódico que su primo Ángel va a estar firmando libros en un **Corte Inglés** ⓘ de Valencia. Se imagina entonces que está allí, con un taladro escondido en una bolsa. Está en la cola esperando. Allí está su primo, con el pelo engominado, su piel morena y su sonrisa blanca de actor de Hollywood. Cuando llega a la mesa, su primo se levanta feliz para darle un abrazo, pero Julián sabe que no está feliz por verlo, sino feliz por la humillación de Julián, que viene a su firma de libros. Entonces Julián saca el taladro muy rápido, lo pone en la cabeza de Ángel y lo enciende. La sangre lo llena todo.

Julián sieht sie an. In ihren Augen liegt ein Hauch von Panik. Vielleicht sind die bösen Absichten, die in der Luft liegen, spürbar. Julián denkt: „Jetzt oder nie". Er nähert sich ihr, um ihr einen Kuss auf die Wange zu geben. Margot zittert. Sie ist wie eine Blume, die man mit einem Finger kaputtmachen kann.

»Tschüs Margot«, sagt Julián, und anschließend geht jeder seiner Wege.

Als er zu Hause ankommt, macht er sich daran, fünf Stunden lang ununterbrochen zu schreiben, und erzählt bis zum Ende die Tat, die er sich vorgestellt hat, mit Margot, die tot und begraben im Keller eines verlassenen Hauses liegt. Von diesem Tag an macht er immer dasselbe: Ausgehend von einem fiktiven Verbrechen in seinem realen Leben, kreiert er in seinem literarischen Leben ein echtes: Er schneidet die Metzgerin in Stücke, wirft einen seiner Schüler aus dem Fenster, friert den Lotterieverkäufer ein … Und er schreibt und schreibt und schreibt.

Bis zu jenem Tag, an dem er in der Zeitung liest, dass sein Cousin Ángel in einem Corte-Inglés-Kaufhaus von Valencia Bücher signieren wird. Er stellt sich dann vor, wie er selbst dort ist, mit einer in einer Tasche versteckten Bohrmaschine. Er steht wartend in der Schlange. Dort ist sein Cousin, mit gegeltem Haar, seiner gebräunten Haut und seinem weißen Hollywoodschauspieler-Lächeln. Als er an dem Tisch ankommt, steht sein Cousin glücklich auf, um ihn zu umarmen, aber Julián weiß, dass er sich nicht darüber freut, ihn zu sehen, sondern darüber ihn, Julián, der zu seiner Buchsignierung kommt, zu demütigen. Dann holt Julián ganz schnell die Bohrmaschine heraus, legt sie an den Kopf von Ángel und macht sie an. Das Blut ist überall.

Como siempre, empieza a escribir, sin embargo, esta vez el ritual no funciona y no es capaz de terminar. Esa noche no puede dormir y al final llega a la conclusión de que esta vez lo tiene que hacer, ¡tiene que ir a Valencia y matar a su primo con el taladro! Está seguro de que si lo hace, va a escribir un libro increíble donde la realidad y la ficción se fusionan.

Conduce toda la mañana hasta llegar a Valencia. Es un día de verano y no hay mucha gente. La firma es a las dos de la tarde y camina antes por el parque que hay delante del centro comercial. Ha cargado el taladro durante toda la noche. A veces lo toma de la bolsa para ver si su mano lo puede manejar con seguridad.

–Ya está, ya son las dos–dice en una mezcla de miedo y alivio.

Cruza la rotonda rápidamente porque hay pocos coches. Al entrar en el centro comercial, ve que la zona de libros está en la primera planta. Mientras que la sección de perfumería está casi vacía, en la zona de libros ya hay una cola bastante larga delante de la mesa. Allí está, triunfante, como se lo ha imaginado.

Wie immer fängt er an, zu schreiben, doch diesmal funktioniert das Ritual nicht und er ist nicht in der Lage, zu Ende zu schreiben. In dieser Nacht kann er nicht schlafen und gelangt schließlich zu der Schlussfolgerung, dass er es diesmal tun muss, er muss nach Valencia fahren und seinen Cousin mit der Bohrmaschine töten! Er ist sich sicher, dass er, wenn er es tut, ein unglaubliches Buch schreiben können wird, in dem sich Realität und Fiktion vermischen.

Er fährt den ganzen Vormittag bis nach Valencia. Es ist ein Sommertag und es sind nicht viele Leute unterwegs. Die Buchsignierung ist um 14 Uhr nachmittags und er spaziert vorher durch den Park, der sich vor dem Einkaufszentrum befindet. Er hat den Bohrer die ganze Nacht lang aufgeladen. Hin und wieder nimmt er ihn aus der Tasche heraus, um zu sehen, ob er ihn sicher handhaben kann.

»Es ist so weit, es ist schon zwei Uhr«, sagt er mit einer Mischung aus Angst und Erleichterung in der Stimme.

Er überquert zügig den Kreisverkehr, da es nur wenige Autos gibt. Als er das Einkaufszentrum betritt, sieht er, dass sich die Bücherabteilung in der ersten Etage befindet. Während die Parfümerieabteilung fast leer ist, gibt es in der Büchersektion bereits eine ziemlich lange Schlange vor dem Tisch. Dort ist er, triumphierend, so wie er ihn sich vorgestellt hat.

Decide cambiar de estrategia y acercarse por detrás. Es más espectacular matarlo por detrás con todo el público delante. Entonces ocurre algo en la planta baja, hay muchos gritos y después de un rato se oye la sirena de la policía. Julián está justo detrás de Ángel. Su mano agarra fuertemente el taladro. De la escalera viene un policía y dice a todo el mundo que no pasa nada, que solo se trata de unas niñas locas. Camina hacia Ángel, se acerca a él y le dice al oído algo, pero Julián lo puede escuchar: ¡No es un lenguaje humano! Nunca ha escuchado un sonido así. Ángel responde con los mismos sonidos, y el policía se marcha con una sonrisa.

Una mujer extiende su libro a Ángel.

–¿Su nombre?

Julián escucha solamente el sonido de la pluma sobre el papel antes de darse la vuelta y salir de allí.

Día de San Jordi

ⓘ Am **Día de San Jordi** (23. April) finden in ganz Katalonien zu Ehren des Schutzpatrons, des heiligen Georg, Feiern statt. Dem Brauch nach tauschen Paare Geschenke aus: Traditionell erhält sie eine Rose und er bekommt ein Buch, wobei es immer üblicher wird, dass sich alle gegenseitig Rosen und Bücher schenken. Typisch für diese Feiern sind auch die sogenannten **Castells**, Menschenpyramiden, die entstehen, indem die Teilnehmerinnen und Teilnehmer jeweils auf die Schultern anderer Menschen innerhalb der Pyramide klettern.

Er beschließt, seine Strategie zu ändern und sich ihm von hinten zu nähern. Es ist spektakulärer, ihn von hinten mit dem ganz Publikum davor zu töten. Dann geschieht etwas im Erdgeschoss, es sind viele Schreie zu hören und nach einer Weile hört man die Polizeisirene. Julián befindet sich genau hinter Ángel. Seine Hand umfasst den Bohrer fest. Von der Treppe kommt ein Polizist und sagt allen, dass nichts passiert sei, dass es sich nur um ein paar verrückte Mädchen handele. Er geht zu Ángel hinüber, beugt sich zu ihm und sagt ihm etwas ins Ohr, aber Julián kann es hören: Es ist keine menschliche Sprache! So ein Geräusch hat er noch nie gehört. Ángel antwortet mit denselben Lauten, und der Polizist geht mit einem Lächeln weg.

Eine Frau hält Ángel ihr Buch hin.

»Ihr Name?«

Julián hört nur das Geräusch des Füllers auf dem Papier, bevor er sich umdreht und aus dem Raum geht.

Corte Inglés

ⓘ **El Corte Inglés** („***der englische Schnitt***") ist eine spanische Kaufhauskette. Sie hat ihren Ursprung in einer kleinen Schneiderei, die 1890 in Madrid gegründet wurde und seit 1940 als Unternehmen betrieben wird. Mit ihren Niederlassungen in Spanien, Portugal sowie auf den Balearen und den Kanaren ist sie heute, gemessen am Umsatz, einer der größten Warenhauskonzerne Europas.

Die autonome Gemeinschaft **Katalonien** befindet sich im Nordosten Spaniens, zwischen der Mittelmeerküste und den Pyrenäen. Die Region hat mehrere Amtssprachen: Katalanisch, Spanisch und Aranesisch. Der Gebrauch des Katalanischen wurde während der Franco-Diktatur unterdrückt. Seit 1979 hat Katalonien ein Autonomiestatut, das die Grundlage für die Rechtsordnung in Katalonien darstellt.
Die Geschichte Kataloniens ist von Unabhängigkeitsbestrebungen bestimmt. Im Oktober 2017 erklärte das katalanische Regionalparlament nach einem umstrittenen Referendum Katalonien zu einer von Spanien unabhängigen Republik, was jedoch als verfassungswidrig erklärt wurde. Daraufhin wurde die Regionalregierung abgesetzt und es gab im Dezember 2017 Neuwahlen zum Regionalparlament. Seither wird Katalonien wieder von einer separatistischen Partei regiert und die Krise besteht weiter.

abandonado/a	*verlassen*
abierto/a	*offen*
el/la abogado/a	*Rechtsanwalt, Rechtsanwältin*
abrazar	*umarmen*
el abrigo	*Mantel*
aburrido/a	*langweilig*
la academia	*Schule, Akademie*
el/la actor/actriz	*Schauspieler/in*
la actuación	*Darbietung, Aufführung*
la adicción	*Sucht*
el aire	*Luft*
al final	*am Ende, zum Schluss*
la almohada	*Kissen*
alto/a	*hoch (Sache), groß (Person)*
el/la alumno/a	*Schüler/in*
amar	*lieben*
antiguo/a	*alt*
aparecer	*erscheinen*
apoyar	*unterstützen*
aprobar	*bestehen*
el asunto	*Angelegenheit*
bailar	*tanzen*
bajarse	*hinabsteigen, aussteigen*
la barba	*Bart*
el barco	*Schiff*
el bebé	*Baby*
beber	*trinken*
el billete	*Ticket*
la boca	*Mund*
la bolsa	*Tasche*
borrar	*löschen*
la bota	*Stiefel*
el brazo	*Arm*
la cabeza	*Kopf*
la caja	*Schachtel*
la calle	*Straße*
cambiar de opinión	*die Meinung ändern*
la canción	*Lied*
cansado/a	*müde*
el/la cantante	*Sänger/in*
la cara	*Gesicht*
el/la carnicero/a	*Metzger/in*
caro/a	*teuer*
la carretera	*(Land-)Straße*
casado/a	*verheiratet*
cenar	*zu Abend essen*
el cerdo	*Schwein*
cerrado/a	*geschlossen*
el cielo	*Himmel*
el coche	*Auto*
coger	*nehmen*
el colegio	*Schule*
la comida	*Essen*
la comisaría	*Polizeiwache*
el/la compañero/a	*hier: Mitstreiter/in, Kamerad/in*
completar	*vervollständigen*
conducir	*fahren*
contra	*gegen*
la copa	*(Stiel-)Glas*
el corazón	*Herz*
el correo electrónico	*E-Mail*
correr	*laufen*
cortar	*schneiden*
la costa	*Küste*
creer	*glauben*
el cristal	*Glas*
cruzar	*kreuzen*
el cuadro	*Gemälde*
cubierto/a	*bedeckt*
el cuello	*Hals*
cuidar	*beschützen, achtgeben auf*
el currículum	*Lebenslauf*
la dama	*Dame*
de noche	*nachts*
de nuevo	*wieder*
de repente	*plötzlich*
decidir	*entscheiden*
el dedo	*Finger*

defenderse	*sich verteidigen*
definitivo/a	*definitiv, endgültig*
dejar	*lassen*
delante	*vor*
delgado/a	*schlank*
el deporte	*Sport*
desayunar	*frühstücken*
el despacho	*Büro*
detrás	*hinter*
el día	*Tag*
dibujar	*zeichnen*
el dinero	*Geld*
(el) Dios	*Gott*
la dirección	*Richtung*
la discusión	*Diskussion*
disfrazado/a	*verkleidet*
el divorcio	*Scheidung*
doble	*doppelt*
el dolor	*Schmerz*
el dormitorio	*Schlafzimmer*
durante	*während*
el edificio	*Gebäude*
encender	*anzünden*
encerrar	*einsperren*
enfadado/a	*verärgert*
entender	*verstehen*
la entrada	*Eintrittskarte*
entusiasmar	*begeistern*
enviar	*schicken*
equivocarse	*sich irren*
la escalera	*Treppe*
escuchar	*hören*
la espalda	*Rücken*
esperar	*warten*
la estación	*Bahnhof, Station*
el estado	*Zustand*
el estado civil	*Familienstand*
la estatua	*Statue*
la estrategia	*Strategie*
la estrella	*Stern*
estudiar	*lernen*
eterno/a	*ewig*
el examen	*Prüfung*
extraño/a	*seltsam*

la fantasía	*Fantasie*
fascinado/a	*fasziniert*
la fiesta de cumpleaños	*Geburtstagsfeier*
firmar	*signieren*
la flor	*Blume*
frecuente	*häufig*
la fresa	*Erdbeere*
frío/a	*kalt*
el fuego	*Feuer*
los fuegos artificiales	*Feuerwerk*
la fuente	*Brunnen*
fumar	*rauchen*
las gafas de sol	*Sonnenbrille*
ganar	*gewinnen*
ganarse	*sich verdienen*
el garaje	*Garage*
la garganta	*Hals, Rachen*
el gimnasio	*Fitnessstudio*
el gobierno	*Regierung*
golpear algo	*auf etw. einschlagen*
grande	*groß*
grave	*ernst, schlimm*
gritar	*schreien*
el grito	*Schrei*
el grupo	*Gruppe*
guapo/a	*hübsch*
la guerra	*Krieg*
gustar	*gefallen*
el helado	*Eis*
el hombro	*Schulter*
la hora	*Zeit, Uhrzeit*
imaginar	*vorstellen*
increíble	*unglaublich*
inmediatamente	*sofort*
insistir en algo	*auf etw. bestehen*
el intercambio	*Austausch*
interesante	*interessant*
el internet	*Internet*

el invierno	*Winter*
el/la invitado/a	*Gast*
la isla	*Insel*
el jardín	*Garten*
el/la jefe/a	*Chef/in*
el/la joven	*junger Mann/ junge Frau*
junto/a	*zusammen*
largo/a	*lang*
la leche	*Milch*
leer	*lesen*
el lenguaje	*Sprache*
levantarse	*aufstehen*
libre	*frei*
el libro	*Buch*
la lista	*Liste*
llamar	*anrufen*
llevarse	*mitnehmen*
llorar	*weinen*
llover	*regnen*
loco/a	*verrückt*
la lucha	*Kampf*
mágico/a	*magisch*
malo/a	*schlecht*
la mañana	*Morgen*
la mano	*Hand*
marcharse	*weggehen*
la medianoche	*Mitternacht*
el/la médico/a	*Arzt/Ärztin*
mejor	*besser*
memorizar	*auswendig lernen, sich einprägen*
el mensaje	*Nachricht*
la mentira	*Lüge*
el miedo	*Angst*
el/la ministro/a	*Minister/in*
mirar algo	*sich etw. anschauen*
la mochila	*Rucksack*
la montaña	*Berg, Gebirge*
moreno/a	*dunkelhaarig; gebräunt*
morir	*sterben*
mostrar	*zeigen*
el motivo	*Grund*
la moto	*Motorrad*
el móvil	*Handy*
el mundo	*Welt*
el/la músico/a	*Musiker/in*
la Navidad	*Weihnachten*
el negocio	*Geschäft*
nervioso/a	*nervös*
la nevera	*Kühlschrank*
la nota	*Notiz*
la novela	*Roman*
el/la novio/a	*fester Freund/feste Freundin*
la nube	*Wolke*
numeroso/a	*zahlreich*
la obra de teatro	*Theaterstück*
odiar	*hassen*
la oficina	*Büro*
oír	*hören*
el ojo	*Auge*
el ordenador	*Computer*
oscuro/a	*dunkel*
pagar	*zahlen*
la página	*Seite*
el palacio	*Palast*
la pantalla	*Bildschirm*
el pañuelo	*Tuch*
el papel	*Blatt Papier*
el paquete	*Päckchen*
la parada	*Haltestelle*
el paraguas	*Regenschirm*
la pared	*Wand*
el pasaporte	*(Reise-)Pass*
pasear	*spazieren*
el paseo	*Promenade*
el pasillo	*Flur*
la paz	*Frieden*
la pensión	*Pension*
perder	*verlieren*
el periódico	*Zeitung*
el perro	*Hund*
el pescado	*Fisch*
el pie	*Fuß*

la piel	*Haut*
el piso	*Wohnung*
la pistola	*Pistole*
el plan	*Plan*
el planeta	*Planet*
el plato	*Teller*
la plaza	*Platz*
el precio	*Preis*
la pregunta	*Frage*
preguntar	*fragen*
el/la primo/a	*Cousin/e*
profesional	*beruflich*
el/la profesor/a	*Lehrer/in*
proponer	*vorschlagen*
proteger	*beschützen*
el pueblo	*Dorf*
quitarse	*ausziehen*
quizás	*vielleicht*
la rapidez	*Schnelligkeit*
rápido/a	*schnell*
raro	*seltsam*
el rato	*Weile*
recibir	*empfangen*
recoger	*abholen*
reconocer	*erkennen*
regalar	*schenken*
el reloj	*Uhr*
repetir	*wiederholen*
respirar	*atmen*
romper	*einschlagen*
la ropa	*Kleidung*
la rosa	*Rose*
roto/a	*kaputt*
rubio/a	*blond*
salir	*verlassen, hinausgehen*
el salón	*Wohnzimmer*
satisfecho/a	*zufrieden*
seguir	*folgen*
seguro/a	*sicher*
sentir	*fühlen*
simpático/a	*sympathisch*
sin embargo	*jedoch, dennoch; trotzdem*
la solicitud	*Bewerbung*
solitario/a	*einsam*
el/la soltero/a	*Junggeselle/in*
el sombrero	*Hut*
sorprender	*überraschen*
subir	*hinaufgehen*
el suelo	*Fußboden*
el sueño	*Traum*
la talla	*(Kleider-)Größe*
tarde	*spät*
la tarde	*Nachmittag*
el teatro	*Theater*
teléfono	*Telefon*
la terraza	*Terrasse*
la tierra	*Erde*
todavía	*noch*
tomar	*zu sich nehmen, trinken, essen*
el trabajo	*Arbeit*
el traje	*Anzug*
la trampa	*Falle*
tranquilo/a	*ruhig*
triste	*traurig*
último/a	*letzte/r/s*
único/a	*einzige/r/s*
la vaca	*Kuh*
vacío/a	*leer*
el vaso	*Glas*
el vecino/a	*Nachbar/in*
la velocidad	*Geschwindigkeit*
el/la vendedor/a	*Verkäufer/in*
vender	*verkaufen*
la ventana	*Fenster*
el viaje	*Reise*
la vida	*Leben*
viejo/a	*alt*
el viento	*Wind*
el vino	*Wein*
vivir	*leben*
vivo/a	*lebendig*
volver	*zurückkehren*
el zapato	*Schuh*
el zumo	*Saft*

U1 Shutterstock, New York/FOTOKITA; Flaggen: Getty Images, München/pop_jop; Pinselstriche: Adobe Stock, Dublin/creativ; **1 ff.** Zementstruktur: Getty Images, München/pimonpim; **2** Iván Reymóndez Fernández/Foto: Iván Reymóndez Fernández; **6** Stecknadel: PONS GmbH, Stuttgart; Thinkstock, München/dikobraziy; **7** Shutterstock, New York/Dmitrijs Kaminskis; **8 ff.** Fingerabdrücke: Getty Images, München/Kanchana Madsen; **22.1** Shutterstock, New York/Chanclos; **22.2** Thinkstock, München/idal; **23** Shutterstock, New York/JoaoCachapa; **42.1** Shutterstock, New York/Everett Historical; **42.2** Adobe Stock, Dublin/rabbit75_fot; **43** Shutterstock, New York/JoaoCachapa; **56.1** Adobe Stock, Dublin/bra; **56.2** Shutterstock, New York/Quintanilla; **57** Shutterstock, New York/Dmitrijs Kaminskis; **70.1** Shutterstock, New York/Jose Angel Astor Rocha; **70.2** Shutterstock, New York/phatymak's studio; **71** Shutterstock, New York/JoaoCachapa; **86.1** Shutterstock, New York/Richard Cavalleri; **86.2** Shutterstock, New York/Lucian Milasan; **87** Shutterstock, New York/JoaoCachapa; **108.1** Shutterstock, New York/Adwo; **108.2** Shutterstock, New York/Alvaro German Vilela; **109** Adobe Stock, Dublin/atdr ; **124.1** Shutterstock, New York/A.S.Floro; **124.2** Adobe Stock, Dublin/Sofia; **125** Shutterstock, New York/JoaoCachapa; **138.1** Shutterstock, New York/SergiyN; **138.2** Shutterstock, New York/Alberto P; **U4** Handabdruck: Getty Images, München/NREY